服装高等教育"十二五"部委级规划教材

U0734334

服装生产管理实务

吴相昶　主　编

徐慧霞　张硕峰　吴奕娟　副主编

中国纺织出版社

内 容 提 要

本书以适应服装产业发展的需要和培养"高技能、实用型"服装设计专业人才的需求,系统地介绍了服装企业生产管理的基本知识及实践操作技巧。全书共分服装生产管理概述、服装生产物料管理、服装生产技术管理、服装裁剪技术管理、服装缝制技术管理、服装后整理技术管理、服装质量管理、服装成本管理八个部分。对服装企业生产过程中的生产准备、裁剪、缝制、质量检验、包装、后整理等环节作了详尽地介绍与阐述。

本书立足于反映现代化服装企业的实际生产情况,实用性强。本书既可以作为纺织服装高等院校服装类专业教材,也可以作为服装企业生产技术人员和生产管理人员的指导用书。

图书在版编目(CIP)数据

服装生产管理实务 / 吴相昶主编. ––北京:中国纺织出版社,2014.10 (2022.8 重印)

服装高等教育"十二五"部委级规划教材

ISBN 978-7-5180-0808-7

Ⅰ. ①服… Ⅱ. ①吴… Ⅲ. ①服装工业—生产管理—高等学校—教材 Ⅳ. ①F407.866.2

中国版本图书馆CIP数据核字(2014)第162972号

策划编辑:李春奕　　责任编辑:魏 萌　　责任校对:梁 颖
责任设计:何 建　　责任印制:储志伟

中国纺织出版社出版发行
地址:北京市朝阳区百子湾东里A407号楼　邮政编码:100124
销售电话:010—67004422　传真:010—87155801
http://www.c-textilep.com
E-mail:faxing@c-textilep.com
中国纺织出版社天猫旗舰店
官方微博 http://weibo.com/2119887771
唐山玺诚印务有限公司印刷　各地新华书店经销
2014年10月第1版　2022 年 8 月第 4 次印刷
开本:787×1092　1/16　印张:7.25
字数:89千字　定价:39.80元

出版者的话

　　《国家中长期教育改革和发展规划纲要》中提出"全面提高高等教育质量""提高人才培养质量"。教高[2007]1号文件"关于实施高等学校本科教学质量与教学改革工程的意见"中，明确了"继续推进国家精品课程建设"，"积极推进网络教育资源开发和共享平台建设，建设面向全国高校的精品课程和立体化教材的数字化资源中心"，对高等教育教材的质量和立体化模式都提出了更高、更具体的要求。

　　"着力培养信念执着、品德优良、知识丰富、本领过硬的高素质专业人才和拔尖创新人才"，已成为当今本科教育的主题。教材建设作为教学的重要组成部分，如何适应新形势下我国教学改革要求，配合教育部"卓越工程师教育培养计划"的实施，满足应用型人才培养的需要，在人才培养中发挥作用，成为院校和出版人共同努力的目标。中国纺织服装教育学会协同中国纺织出版社，认真组织制订"十二五"部委级教材规划，组织专家对各院校上报的"十二五"规划教材选题进行认真评选，力求使教材出版与教学改革和课程建设发展相适应，充分体现教材的适用性、科学性、系统性和新颖性，使教材内容具有以下三个特点：

　　（1）围绕一个核心——育人目标。根据教育规律和课程设置特点，从提高学生分析问题、解决问题的能力入手，教材附有课程设置指导，并于章首介绍本章知识点、重点、难点及专业技能，增加相关学科的最新研究理论、研究热点或历史背景，章后附形式多样的思考题等，提高教材的可读性，增加学生学习兴趣和自学能力，提升学生科技素养和人文素养。

　　（2）突出一个环节——实践环节。教材出版突出应用性学科的特点，注重理论与生产实践的结合，有针对性地设置教材内容，增加实践、实验内容，并通过多媒体等形式，直观反映生产实践的最新成果。

　　（3）实现一个立体——开发立体化教材体系。充分利用现代教育技术手段，构建数字教育资源平台，开发教学课件、音像制品、素材库、试题库等多种立体化的配套教材，以直观的形式和丰富的表达充分展现教学内容。

　　教材出版是教育发展中的重要组成部分，为出版高质量的教材，出版社严格甄选作者，组织专家评审，并对出版全过程进行跟踪，及时了解教材编写进度、编写质量，力求做到作者权威、编辑专业、审读严格、精品出版。我们愿与院校一起，共同探讨、完善教材出版，不断推出精品教材，以适应我国高等教育的发展要求。

中国纺织出版社
教材出版中心

前言

目前，随着服装企业的迅速发展，服装生产管理人员的需求量在不断增加，传统服装生产管理模式已远远满足不了现代服装企业对生产管理人员的需求，很多服装院校的服装设计相关专业都相继开设了服装生产管理课程。服装生产管理人员必须要有良好的职业素养，良好的沟通协调能力，具备扎实的服装基础知识和专业技能，以及良好的综合处理突发事件的应变能力。

因此，本书从服装企业实际生产管理岗位需求出发，以服装生产业务流程主线为导向，侧重服装生产管理的实际操作，明确各个服装生产环节需要做哪些具体的事情，以及如何去处理相关的服装生产管理过程中的突发事件，确保服装生产的有序开展，更加有利于读者的阅读和掌握服装生产管理岗位的专业技能。

本书以适应服装产业发展的需要和培养"高技能、实用型"服装设计专业人才的需求，系统地介绍了服装企业生产管理的基本知识及实践操作技巧。全书共分服装生产管理概述、服装生产物料管理、服装生产技术管理、服装裁剪技术管理、服装缝制技术管理、服装后整理技术管理、服装质量管理、服装成本管理八个部分。对服装企业生产过程中的生产准备、裁剪、缝制、质量检验、包装、后整理等环节作了详尽地介绍与阐述。

本书立足于现代化服装企业的生产实际情况，实用性强。书中配有相关的实际图表及案例，使读者能快速掌握服装生产管理岗位的技巧，让初入行者也能快速掌握服装生产管理的相关知识和必备实践技能。

本书在编写过程中参考了相关的书籍和资料，在此表示衷心的感谢。

由于作者水平有限，书中难免存在疏漏之处，恳请广大读者批评指正。

编者

2014年8月

教学内容及课时安排

章/课时	课程性质		课程内容
第一章 （4课时）	基础理论	·	服装生产管理概述
		一	服装生产的类型
		二	服装企业组织架构
		三	服装企业生产部的运作流程及工作职责
		四	服装生产管理原则
第二章 （5课时）	专业知识及 专业技能	·	服装生产物料管理
		一	服装生产物料的采购
		二	服装生产物料供应商的评估
		三	服装生产物料的仓储管理
		四	服装生产物料的库存控制
第三章 （8课时）		·	服装生产技术管理
		一	服装样衣试制
		二	服装生产信息文件
		三	服装生产技术文件
		四	服装样板管理
第四章 （9课时）		·	服装裁剪技术管理
		一	裁剪方案的制订
		二	排料划样
		三	铺料
		四	裁剪
		五	验片
		六	分包
第五章 （8课时）		·	服装缝制技术管理
		一	服装缝制概念及流程
		二	服装缝制前面料缝缩率测试
		三	服装缝制前缝纫线消耗比值E测试
		四	缝制流水线的制定
		五	服装缝制生产组织
		六	服装缝制工艺品质控制

章/课时	课程性质		课程内容
第六章 （8课时）	专业知识及 专业技能	·	服装后整理技术管理
		一	熨烫
		二	包装
第七章 （8课时）		·	服装质量管理
		一	服装企业质量管理的内容
		二	服装检验的标准
		三	服装质量检验流程
		四	服装质量检验的内容与方法
		五	面、辅料质量检验的内容与方法
第八章 （4课时）		·	服装成本管理
		一	服装企业成本管理概述
		二	服装生产成本计算与分析
		三	服装生产成本的差异分析
		四	服装生产成本控制

注 各院校可根据本校的教学特色和教学计划对课程时数进行调整。

目录

第一章　服装生产管理概述 ·········· 002

一、服装生产的类型 ·········· 002

二、服装企业组织架构 ·········· 003

三、服装企业生产部运作流程及工作职责 ·········· 008

四、服装生产管理原则 ·········· 009

思考与练习 ·········· 009

第二章　服装生产物料管理 ·········· 012

一、服装生产物料的采购 ·········· 012

二、服装生产物料供应商的评估 ·········· 016

三、服装生产物料的仓储管理 ·········· 018

四、服装生产物料的库存控制 ·········· 022

思考与练习 ·········· 024

第三章　服装生产技术管理 ·········· 026

一、服装样衣试制 ·········· 026

二、服装生产信息文件 ·········· 033

三、服装生产技术文件 ·········· 039

四、服装样板管理 ·········· 042

思考与练习 ·········· 042

第四章　服装裁剪技术管理 ·········· 044

一、裁剪方案的制订 ·········· 044

二、排料划样 ·········· 048

三、铺料 ·········· 049

四、裁剪 ·········· 052

五、验片 ·········· 053

六、分包 ·········· 054

思考与练习 ·········· 056

第五章　服装缝制技术管理 ·· 058

一、服装缝制概念及流程 ·· 058

二、服装缝制前面料缝缩率测试 ································ 059

三、服装缝制前缝纫线消耗比值 E 测试 ····················· 060

四、缝制流水线的制定 ·· 061

五、服装缝制生产组织 ·· 064

六、服装缝制工艺品质控制 ····································· 066

思考与练习 ·· 067

第六章　服装后整理技术管理 ······································ 070

一、熨烫 ·· 070

二、包装 ·· 071

思考与练习 ·· 081

第七章　服装质量管理 ·· 084

一、服装企业质量管理的内容 ·································· 084

二、服装检验的标准 ·· 085

三、服装质量检验流程 ·· 085

四、服装质量检验的内容与方法 ································ 091

五、面、辅料质量检验的内容与方法 ··························· 092

思考与练习 ·· 092

第八章　服装成本管理 ·· 096

一、服装企业成本管理概述 ····································· 096

二、服装生产成本计算与分析 ·································· 098

三、服装生产成本的差异分析 ·································· 100

四、服装生产成本控制 ·· 102

思考与练习 ·· 104

参考文献 ··· 105

基础理论——

服装生产管理概述

课题名称：服装生产管理概述

课题内容：服装生产的类型

服装企业组织架构

服装企业生产部运作流程及工作职责

服装生产管理原则

课题时间：4课时

教学目的：让学生了解服装企业生产管理的组织架构及岗位
职责。

教学方法：利用幻灯片和教师讲述同步进行。

教学要求：1．让学生了解服装企业的生产管理类型。

2．让学生了解服装企业生产的组织架构，服装企业
生产部门的岗位职责。

3．让学生了解服装企业的相关管理岗位及其需要的
岗位技能力。

第一章　服装生产管理概述

服装生产管理(Apparel Production Management)是一项涉及面较广的技术管理，指从服装生产物料采购计划的实施到服装产品完成的整个生产过程的管理，同时也包括与服装生产有关的生产要素管理、生产计划管理、生产技术管理、服装质量管理、服装品质管理及与服装生产相关的信息技术管理。

一、服装生产的类型

服装市场的激烈竞争使服装企业生产方式形成了多种经营的模式，主要有以下几个大类的生产类型。

1. 品牌服装生产

服装生产企业自己注册商标品牌，拥有一个或多个服装品牌的商标权，建立企业的品牌服装营销渠道，使消费者对本企业生产的服装认可。这种运作模式风险高、投入高、资金运作比较大。

一般情况下，生产规模较小的服装企业很难运作起来。品牌服装生产运作模式必须要有较强的经济实力及熟练的品牌服装运作能力。

2. 贴牌服装生产

服装生产企业根据其他服装企业、公司的要求，为其生产服装产品，这种生产模式即贴牌服装生产，也称定牌生产、代加工可以促使服装企业更加专注服装的生产过程和成衣质量的管理。目前，我国存在数量众多的服装生产企业，很多都是专门承接其他服装企业、公司的订单，一般没有自己的品牌，仅仅是一个品牌生产基地。服装生产企业进行贴牌服装生产时，必须严格按照客户订单的数量、生产工艺单要求安排生产任务，并且要将产前样衣给客户确认后方可生产，生产形式比较被动，并且利润比较低，自己没有开发新产品的能力。

一些逐步发展起来的贴牌生产企业，已经意识到了自主创新的重要性，除了采用客户提供的样衣生产之外，也开始招聘服装设计人员，组建服装设计开发部门，向客户推荐自主研发的新样衣，拓展服装企业的生产任务，提升经济效益。

3. 自主研发生产

大中型服装生产企业或服装贸易公司根据企业的实际情况自主研发生产。通常有一部分服装生产企业会自己组建服装设计团队，自主研发设计，提前推出新款发布会或下个季度的服装订货会，并根据客户的订货需要安排生产任务。

根据客户的需求数量、交货期等情况，大中型服装生产企业或服装贸易公司将一部分生产任务，转给其他的服装企业进行生产。

二、服装企业组织架构

根据企业生产规模大小、生产经营性质的不同，每个服装企业生产的组织架构也各有不同。一般的情况下可以分为三种：外贸型企业组织架构，生产制造型企业组织架构，外协加工型企业组织架构。

每一个服装生产企业，都有一套符合自身特点的管理模式和组织形式，根据企业的发展需要，企业规模大小的不同，从生产经营模式管理的实际需求出发，并建立相应的组织架构，配备相关的管理人员来实施和完善企业的生产任务。

1. 外贸型企业组织架构

（1）大型外贸企业：规模比较大的服装外贸企业，通常会形成自己的产品设计研发中心，有较强的新产品开发能力，注册自有品牌等，形成以服装产品生产链为主的国际化的市场运作模式。与面、辅料织造公司、印染整公司、生产制造供应商、物流公司、国内外的客户建立良好的合作关系；或者直接注册成立相关的子公司，包括面、辅料织造公司、印染整公司、生产制造供应商、物流公司等；或者控股面、辅料织造公司、印染整公司、生产制造供应商、物流公司。

这样，可以从生产的源头控制服装成衣产品的质量和生产成本，形成以全资公司或控股参与子公司的运作管理，直接控制各个生产过程中的运营成本和质量的管理，提高产品的市场竞争力，确保提供优质的服装产品。

大型服装外贸企业组织架构如图1-1所示。

（2）中小型外贸企业：中小型服装外贸企业，则是采用自己接单，然后寻找合适的生产制造商，并下单给生产制造商。由生产制造商全面负责订单的整个生产任务，并提交相关的样衣给外贸企业确认。外贸企业对产品验收合格后，制作相关的货物储运单据，委托货代公司安排货物的出运事宜。

也有一部分中小型服装外贸企业，自己开发新产品、接单，并安排自己的直属服装子公司进行生产。这样，可以更有效地控制产品的质量和交货期，节约生产成本。

中小型服装外贸企业组织架构如图1-2所示。

2. 生产制造型企业组织架构

服装生产制造型企业，又称服装厂。服装生产制造型企业根据企业规模的大小也有所不同，规模大的服装生产制造型企业一般拥有进出口权，属于工贸一体型服装企业。

没有进出口权的服装企业则通过外贸企业代理出口，服装生产工厂负责产品的打样、面、辅料采购以及大货生产裁剪、缝制、检验、包装，安排货物运输到指定仓库，将货物送到约定的交货地点等环节的控制及管理工作。

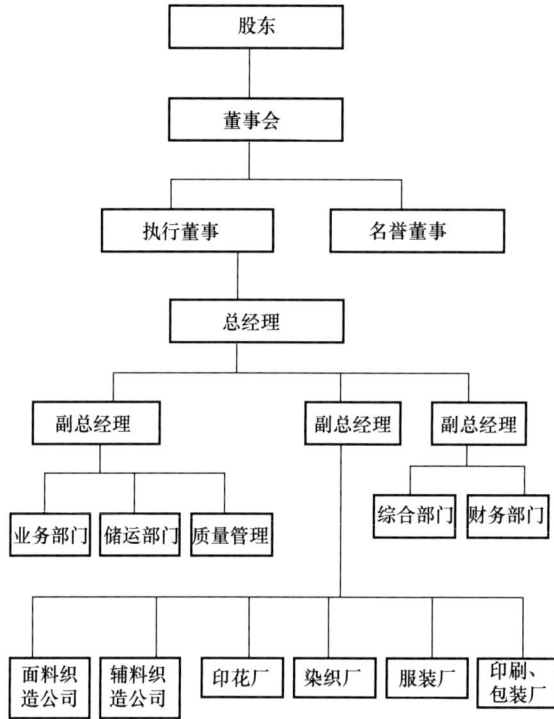

图1-1 大型服装外贸企业组织架构图

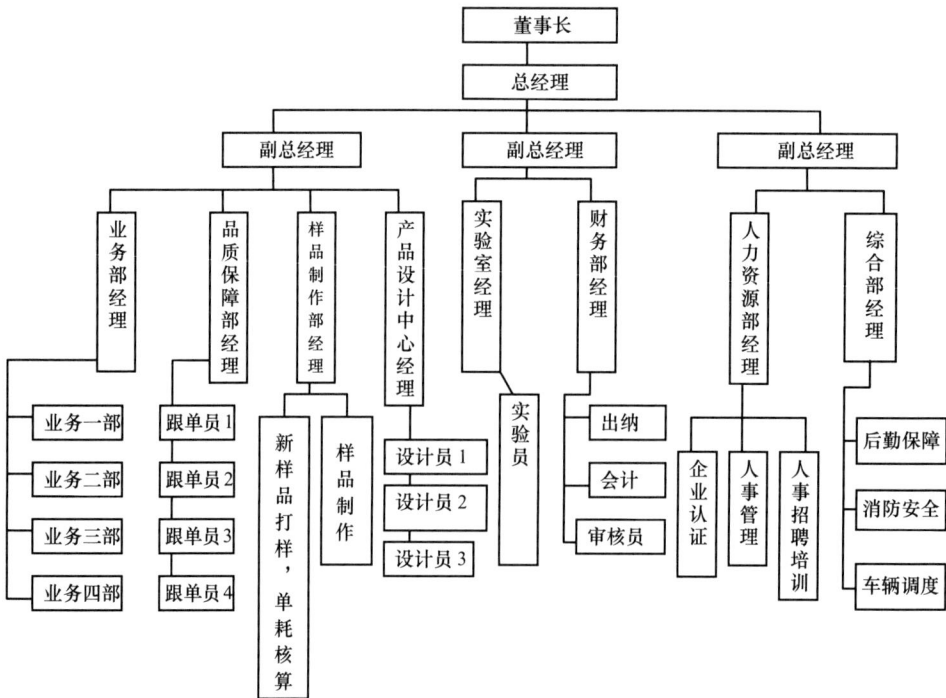

图1-2 中小型服装外贸企业组织架构图

也有一部分服装生产型企业，自己开发新产品，自己接单，并安排自己子公司进行生产，可以有效地控制产品的质量和交货期，以节约生产成本。

服装生产型企业的生产一般围绕订单进程而展开，如样品推荐，客户询盘、客户下单、编制生产工艺单文本，面料、辅料合作工厂开发，向面料、辅料供应商采购面料和辅料，工厂安排生产任务，初期、中期、尾期的产品检验，安排出运，成本核算、订单盈利分析等。

服装生产制造型企业组织架构如图1-3所示。

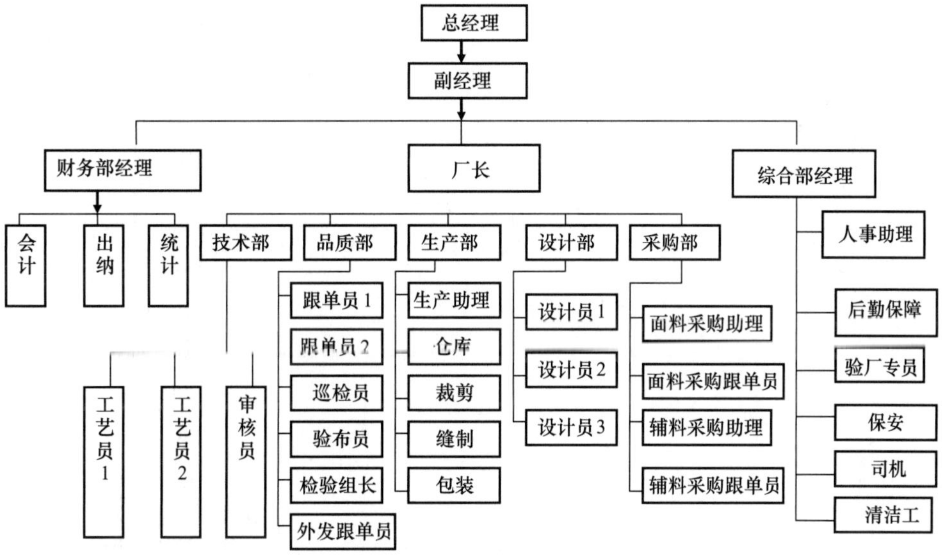

图1-3　服装生产制造型企业组织架构图

服装生产制造型企业生产的操作流程根据订单的生产任务而展开。一般情况下，服装生产制造型企业的生产需要由各个部门共同配合协调完成生产的全过程。

服装生产制造型企业生产流程如图1-4所示。

服装生产制造型企业生产流程中，需要各个部门的相互配合，形成企业的一个整体。企业的生产运作离不开各个部门相关人员的共同努力。

（1）产品设计部：市场调研→构思→设计图稿→样品制作→向客户推荐样品→客户样品确认→样品制作→样品递交客户确认。

（2）技术部：接受客户订单→订单评审→编制工艺单→制作产前样并确认→审核。

（3）采购部：制订面、辅料采购计划→面、辅料样品的确认→大货生产跟单→质量检验→合格品入库，不合格品退货（面、辅料供应商补数）。

（4）裁剪车间：接受裁剪生产任务→领料→裁剪→裁片检验→不合格品（补裁），

```
                              ┌─────────┐
                              │  开始   │
                              └────┬────┘
                                   │
   ┌──────┐    ┌────────┐    ┌────────┐    ┌────────┐
   │ 审核 │◄───│ 工艺   │◄───│  设计  │◄───│ 接受订单│
   └──┬───┘    │ 文件   │    └────────┘    └────────┘
      │        └────────┘
      │
   ┌──────┐    ┌────────┐    ┌────────┐
   │退换货│◄───│质量检验│◄───│  采购  │
   └──────┘    └────────┘    └────────┘
                                   │
                              ┌────────┐
                              │  入库  │
                              └────────┘

   ┌──────┐    ┌────────┐    ┌────────┐    ┌────────┐
   │ 返工 │◄───│质量检验│◄───│  裁剪  │◄───│  领料  │
   └──────┘    └────────┘    └────────┘    └────────┘

              ┌────────┐    ┌──────┐    ┌──────┐
              │半成品库│───►│ 领料 │───►│ 复合 │
              └────────┘    └──────┘    └──────┘

   ┌──────┐   ┌────────┐   ┌──────┐   ┌──────┐
   │ 返修 │◄──│质量检验│◄──│ 缝制 │◄──│ 领料 │
   └──────┘   └────────┘   └──────┘   └──────┘

   ┌────────┐   ┌──────┐   ┌──────┐
   │成品入库│──►│ 领料 │──►│ 整烫 │
   └────────┘   └──────┘   └──────┘

   ┌──────┐   ┌────────┐   ┌──────┐
   │ 返工 │◄──│质量检验│◄──│ 包装 │
   └──────┘   └────────┘   └──────┘

             ┌──────┐   ┌────────┐
             │ 装箱 │──►│入成品库│
             └──────┘   └────────┘

   ┌──────┐   ┌──────┐
   │ 结束 │◄──│ 出货 │
   └──────┘   └──────┘
```

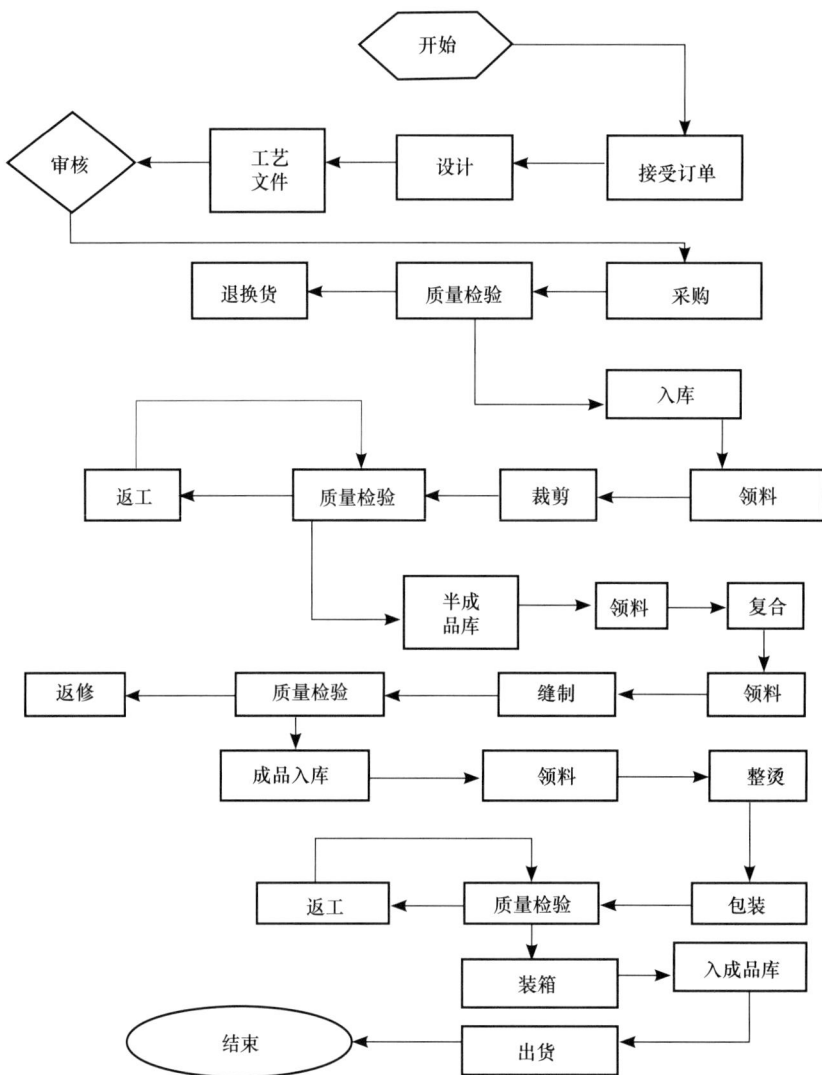

图1-4 服装生产制造型企业生产流程图

合格品入半成品中间库。

（5）缝纫车间：向半成品中间库领料→大货生产前小批量测试及评审→首件确认样制作及封样→半成品检验→成品检验→合格品入成品库，不合格品返修或报废。

（6）包装车间：向成品库领取产品及包装辅料资料→后整理→包装→装箱→成箱检验→不合格品返工，合格品入成品库→出货→结束。

3. 外协加工型企业组织架构

服装外协加工企业又称外加工厂或外发加工厂。服装外加工厂和一部分服装生产制造型企业保持着密切合作关系，大量的生产任务都是依托外加工厂组织安排生产的。

外加工厂的生产规模也有大小，规模大的外加工厂，其生产能力和配套设施可以与生产型企业一样。

但是，规模小的外加工厂由于各种原因，没有外贸公司直接下单的机会。个别敢于冒风险的外加工厂，先是给生产制造型企业做加工，然后待时机成熟后直接与外贸公司合作，接订单生产。

一般情况下，规模较小的外加工厂，只做来料加工，甚至没有裁剪设备，只负责裁片缝制加工，降低风险，以此减少因面、辅料裁剪失误造成的经济损失。

外加工厂生存的空间就是赚取微薄的管理费用，因其投入成本不大、投入风险较小、货源稳定，而成为目前有一定管理基础者创业的首选项目之一。

服装外加工厂组织架构如图1-5所示。

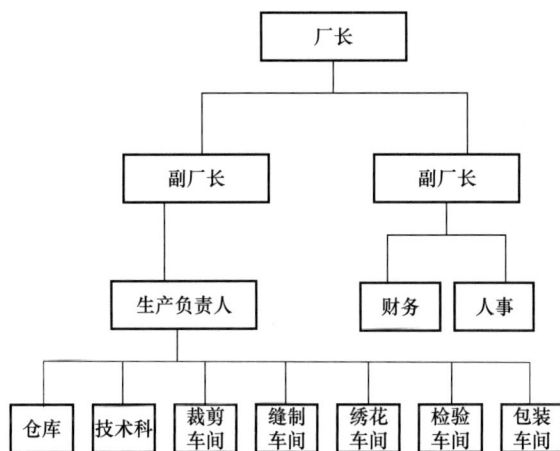

图1-5　服装外加工厂组织架构图

服装外加工厂的组织架构图岗位说明：

厂长：负责联系加工业务。

副厂长：一位主要负责管理生产任务的安排，协调各个生产车间，合理安排生产任务的落实工作；另一位副厂长要管理财务、人事等工作。

生产负责人：主要负责生产任务的安排、生产进度的跟进、样品打样、质量控制等工作。

技术科：负责工艺单的制订、审核，负责生产技术的实施和生产质量掌控。

仓库人员：负责面、辅料、半成品、成品的出入库统计和对账工作。

裁剪人员：负责按照工艺单的要求对面、辅料原料进行裁剪工作。

缝制人员：产品经过检验合格后，方可送回生产工厂。

绣花人员：负责按照工艺单要求完成绣花工作。

检验人员：负责面、辅料、半成品、成品的质量检验工作。

包装人员：产品经过检验合格后，方可送回生产工厂或直接出运。

三、服装企业生产部运作流程及工作职责

1．服装企业生产部的运作流程

服装企业生产部的运作流程主要依据订单的实际生产任务而展开。生产部门的工作核心，就是围绕订单的生产进程而开展相关的工作，确保按时完成生产任务。贯彻落实企业的安全生产责任，科学合理地制订生产计划，及时跟进大货生产过程中的质量控制及生产进度。遇生产时间紧张且订单数量比较大的情况，需合理调配人员、安排生产任务。生产部工作流程图如图1-6所示。

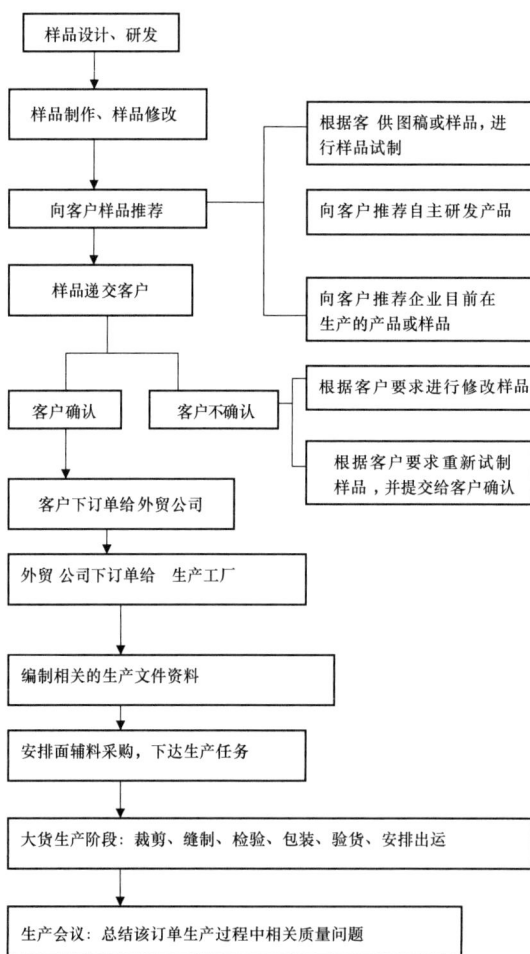

图1-6　生产部工作流程图

2. 服装企业生产部的工作职责

服装生产部工作职责如下：

（1）负责安全生产，贯彻质量第一、客户至上的理念。

（2）负责整个服装企业的正常生产运作安排，有计划地制定生产任务和生产计划，合理安排订单生产的进度，严格按照订单合同中约定的交货期完成生产任务。

（3）制定企业用工的规章制度。

（4）全面负责各个车间人事调动、录用和晋升工作。

（5）及时处理生产中的突发事件，稳定员工的情绪，避免出现员工罢工等现象。

四、服装生产管理原则

服装生产管理的任务就是运用计划、组织、控制的职能，将投入生产过程的各种生产要素有效地进行组合，形成一个有机的服装生产管理体系。服装生产管理原则如下：

（1）减少库存：服装生产企业的各种物料可根据需求，做出合理的采购安排，避免由于市场价格变化、采购不及时、生产延误等异常现象所造成的库存积压。

（2）提高生产效率：随时掌握服装生产的实际情况，杜绝由于计划不落实，而造成的交货期延误，充分发挥企业的生产能力。同时，强化对服装生产过程的管理，每个班组乃至每个人的实际工作情况都会得到及时反馈，保证了生产人员的劳动积极性，提高生产效率。

（3）降低采购成本：可以根据市场变化及生产异常情况，判断材料的需求变化，制订合理的批量采购计划。依据批量进行采购订货，保证生产需要，降低采购价格，节省采购经费。

（4）节约生产成本：依据材料消耗定额对生产用料进行控制，从而促使企业按照科学的工艺生产，实现原材料的节约，避免不合理的材料浪费。

（5）提高企业竞争力：服装生产管理的先进管理理念，运用到服装企业的实际生产工作中去，对原来的管理方式进行改进，帮助企业获得经济效益，促进企业的发展，提高企业的市场竞争力。

思考与练习

1. 服装的生产类型有哪几种？

2. 请设计一份服装外贸企业的组织架构。

3. 简述服装生产部门的岗位职责。

4. 请设计一份裁剪车间主任的岗位说明书。

5. 简述服装企业生产部的运作流程。

6. 简述服装生产管理的原则。

专业知识及专业技能——

服装生产物料管理

课题名称：服装生产物料管理

课题内容：服装生产物料的采购

服装生产物料供应商的评估

服装生产物料的仓储管理

服装生产物料的库存控制

课题时间：5课时

教学目的：让学生了解服装企业的生产物料面辅料的采购管理相关知识及其技能。

教学方法：利用幻灯片和教师讲述同步进行。

教学要求：1.让学生了解服装企业生产面辅料采购的相关要求及表单编制技巧。

2.让学生了解服装企业生产面辅料合同的编制技巧。

3.让学生了解服装企业供应商评估的相关知识点。

4.让学生了解服装企业生产物料仓储管理的相关知识点。

5.让学生了解服装企业生产物料库存管理的相关知识点。

第二章　服装生产物料管理

一、服装生产物料的采购

服装生产物料的采购工作主要由服装企业生产技术部门来执行落实，采购部门负责安排采购任务。生产技术部门根据订单合同的具体生产需要用量、要求等情况，把相关订单合同资料复印一份给采购部门。

采购部门的采购员根据生产技术部门提供的订单合同资料，计算出每一个产品的具体用料及数量，再加上一定比例的允许损耗数量。编制一份"面料采购合同"、一份"辅料采购合同"、一份"面料采购计划明细清单表"、一份"辅料采购计划明细清单表"。

服装企业生产技术部门对采购部门提供的"面料采购合同""辅料采购合同""面料采购计划明细清单表""辅料采购计划明细清单表"进行审核确认。经过服装企业生产技术部门审核确认后，方可安排采购任务。采购员要把相关的采购合同、采购明细清单表等复印一份给公司财务部门，以备后期货款的结算。

服装企业采购部落实具体采购任务。采购部是服装企业重要部门之一，采购部的主要工作是辅助生产部门、配合生产部门，根据订单生产任务的需要采购面、辅料。其工作内容主要包括面、辅料货源的开发，面、辅料供应商的评审，面、辅料织造及印染阶段的跟进，交货期的控制，质量的控制，采购成本的控制与核算，与面、辅料供应商的价格谈判等。

"服装企业面料采购合同""服装企业辅料采购合同""服装企业面料采购计划明细清单表""服装企业辅料采购计划明细清单表"分别见表2-1～表2-4。

面料采购计划明细表在编制时需要注意以下几个方面：

（1）面料的单耗、损耗率是多少，面料的颜色、经纬密度、克重、纱支规格、幅宽等要写清楚。

（2）面料的色牢度、色差级别、测试时间要求、光照色牢度、水洗色牢度、耐摩擦牢度、汗渍色牢度等，要注明相应的测试标准或参考标准的级别。

（3）应加强同面料供应商对价格、交货期、质量要求等方面进行协商，并了解面料供应商的质量控制能力及质量的管理体系等情况。

（4）对面料供应商的生产能力、生产设备、企业的规模、管理人员的配备等方面的评审。

表2-1 服装企业面料采购合同

甲方：_____			合 同 号：_____		
乙方：_____			签订地点：_____		
		乙方向甲方订购如下货物			

品名描述	规格	颜色	数量	含税单价	金额
合计					

合计金额（大写）：　　佰　　拾　万　　仟　　佰　　拾　　元　　角　　分

1. 交货期：要求从_____年___月___日，送到指定仓库：_____
2. 质量及颜色：（根据我公司确认的质量和颜色生产。）
每匹(卷)长度：_____
幅宽：_____
克重：_____
成分：_____
3. 色牢度：_____
4. 包装要求：_____
5. 大货生产前提交每款每色1m，待确认质量和颜色后方可进行大货生产。
6. 延期交货：_____
7. 其他要求：_____

并须符合下述条款：
1. 本合同一经双方签署，即予生效。
2. 甲方应按本合同规定的要求，按时将本合同订购的商品送交乙方指定仓库或车站，所需之装卸运杂费由甲方负担。交货时应随附各种有关单据及全额的增值税发票。乙方根据合同规定的品名、规格、数量进行验收。如有不符合本合同所列各项规定，乙方有权拒收。
3. 由于质量、包装及交货期等原因造成的损害事实，由甲方负全部责任。
4. 乙方凭仓库验收签字及全套合格票据付款，付款周期为最后一批货到后45天付清。
5. 如双方有特殊协议，应在有关协议精神基础上履行此合同。
6. 如双方发生争执，应协商解决。如协商无效，提交乙方所在地法院处理。

甲方：	乙方：
业务员：	业务员：
业务主管：	业务主管：
确认日期：　　年　月　日	确认日期：　　年　月　日

表2-2 服装企业辅料采购合同

甲方：_____			合同号：_____		
乙方：_____			交货地点：_____		
		乙方向甲方订购如下货品			
辅料品名及规格	颜色	数量	单价	总金额	备注
合计					

合计金额（大写）：　　　　　　　　　　　　　　　　交货日期：　　年　月　日

并须符合下述条款：
1. 本合同一经双方签署，即予生效。
2. 甲方应按合同规定的要求，按时将订购商品送交乙方指定仓库或车站，所需之装卸运杂费由甲方负担，交货时应随附各种有关单据。乙方根据合同规定的品名、规格、数量进行验收，如不符合合同所列各点规定，乙方有权拒收。
3. 由于质量及包装等原因造成的损害事实，由甲方负全部责任。
4. 乙方凭业务员本人及仓库验收签字后45天付款。
5. 若双方有特殊协议，应在有关协议精神基础上履行此合同。
6. 如双方发生争议，应协商解决。如协商无效，提交乙方所在地法院处理。

甲　　方： （盖合同章生效） 业务主管： 签　　章： 确认日期：　　年　月　日	乙　　方： （盖合同章生效） 业务主管： 签　　章： 购订日期：　　年　月　日

表2-3 服装企业面料采购计划明细清单表

合同订单号：_____　　　　客户名称：_____　　　　交货日期：_____

面料名称	面料成分	有效幅宽	订单数量	颜色	库存数量	实际需要采购数量	要求交货日期	备注

续表

面料名称	面料成分	有效幅宽	订单数量	颜色	库存数量	实际需要采购数量	要求交货日期	备注
其他具体要求	克重要求： 经密： 纬密：				干磨： 湿磨： 光照色牢度： 短溢装允许范围：			
面料小色样样布	颜色1		颜色2		颜色3		颜色4	

制表人：_____ 　　　复核人：_____ 　　　审核人：_____

日　期：_____ 　　　日　期：_____ 　　　日　期：_____

表2-4 服装企业辅料采购计划明细清单表

合同订单号：_____ 　　　客户名称：_____ 　　　交货日期：_____

辅料名称	辅料成分	有效幅宽	订单数量	颜色	库存数量	实际需要采购数量	要求交货日期	备注

续表

辅料名称	辅料成分	有效幅宽	订单数量	颜色	库存数量	实际需要采购数量	要求交货日期	备注
其他具体要求								
辅料样品	辅料样品1		辅料样品2		辅料样品3		辅料样品4	

制表人：_____　　　复核人：_____　　　审核人：_____

日　　期：_____　　　日　　期：_____　　　日　　期：_____

（5）采购员要货比三家，同时也要考虑原材料的价格波动趋势。

（6）采购员要严格控制面料的生产周期，及时跟进面料的生产进度。

（7）严格控制面料的色差、克重，严格控制面料生产过程因非人为因素造成的数量短缺、克重偏差、颜色色差、缸差等问题。

面、辅料采购的价格成本、货源的组织直接影响大货质量的优劣及是否可以准时交货。采购部成员如果控制不严，稍有疏忽或采购跟单员对采购合同跟进不及时，会造成面、辅料供应不及时，给企业生产造成严重后果。

采购部的组织架构图如图2-1所示。

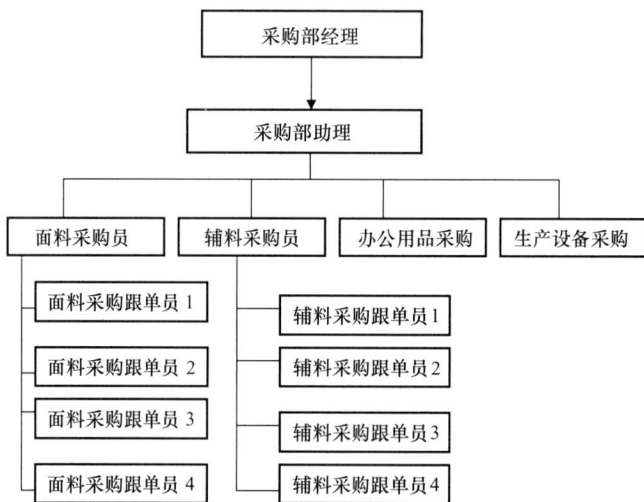

图2-1　采购部的组织架构图

二、服装生产物料供应商的评估

服装生产物料供应商的评估主要是为了考核面料供应商、辅料供应商的质量服务意识、配合程度以及对生产物料的价格、质量等作出全面地分析评估。

　　服装生产物料供应商的评估主要是考核面料供应商、辅料供应商的生产能力、生产设备等硬件配置水平，生产质量及生产过程中的服务态度、配合程度，以及对发生质量问题后的处理态度。

　　通过对面料供应商、辅料供应商的评估考察，作为与面料供应商、辅料供应商建立长期合作关系的依据。服装企业面料、辅料供应商评估表见表2-5。

表2-5　服装企业面料、辅料供应商评估表

日期：

供应商名称			联系人	
地址			电话/传真	
本企业主要的采购产品：				
项目	细分内容	评审方法	等级	得分
资格能力	经营资格	1. 营业执照 2. （特种行业）经营许可证或生产许可证	A	
	质量保障能力	1. 是否通过质量体系认证 2. 全面质量管理制度及运行情况	C(+10%)	
价格		比较最高承受材料成本	A	
生产能力	设备能力	1. 满负荷生产力 2. 关键工序设备能力与产品质量关系 3. 设备状态等	B(10%)	
	技术能力	1. 技术人员及主要作业人员能力 2. 开发能力	B(20%)	
	作业管理	对作业及环境是否有规范化要求	C(+10%)	
	检验能力	1. 检验设备配置情况 2. 检验操作能力情况	B(30%)	
	供应能力	1. 生产周期 2. 月最大供应量	B(10%)	
小批量试用	样品检验	对原材料样品实施验证	B(30%)	
	成品检验	对原材料组装成品实施验证	C(+10%)	
综合得分		评审意见：□列入供方□不列入供方　签字：		
		总经理意见：□列入供方□不列入供方　签字：		
年度评审记录				
考核内容			（　）年	（　）年
供货周期	按期到货批次率	D(50%)		
供货质量	到货合格达标率	D(50%)		
质量事故	一旦发生可由总经理批准淘汰或留用，留用则扣减15分		（总分）	（总分）
评分说明： 1. 首次评分中，A为必须满足条件，B为主要评分项目，C为加分项目，100分以上为优秀，80～100分为良好 2. 年度评审中，只考核D项目，评判标准同上				

三、服装生产物料的仓储管理

1. 仓库管理人员的岗位职责

服装生产物料的仓储管理主要就是服装企业的仓库管理，仓库管理的岗位职责见表2-6。

表2-6　仓库管理的岗位职责

职责概述	1. 做好整个生产所需的面、辅料出入库手续 2. 根据订单生产进度任务的需要，有计划地办理面、辅料出入库 3. 做好面、辅料库存的盘点工作 4. 做好仓库的防潮、防霉、防窃等安全工作 5. 做好仓库所有物品的出入库数量登记工作，并做好电脑记录和手工账册记录工作 6. 协助财务做好仓库所有物品的出库数量、价格的核对工作

2. 生产物料的管理流程

服装企业生产物料的管理必须要规范，以确保生产物料出入库数量相一致。

服装企业生产物料的管理流程如图2-2所示。

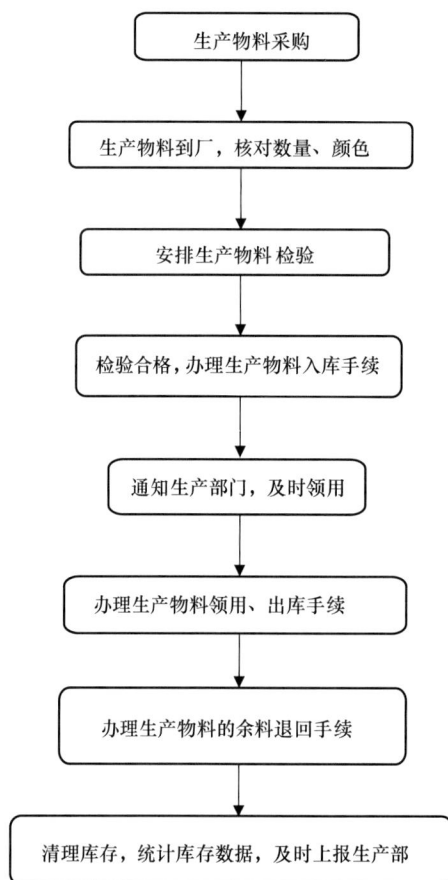

图2-2　服装企业生产物料的管理流程

服装企业生产物料的堆放要整齐、规范，要分类进行堆放管理，并做好防潮、防霉等工作。

服装企业生产物料的堆放图如图2-3所示。

图2-3 服装企业生产物料的堆放图

每个服装企业生产物料的管理作业流程都有一个比较规范的操作流程，以便于在生产过程中更有效地控制生产物料的生产成本及其流向的管理。

服装企业生产物料作业流程图如图2-4所示。

3.仓储管理相关文件的编制

服装生产物料的仓储管理涉及工作范围比较广，需要配合服装企业各个生产部门，在生产的过程中，要做好生产物料流程的登记、签收、收发工作，并要及时填写相关的表格，确保服装生产物料的准确性和生产物料数量账目清楚。

服装企业面、辅料领用计划单见表2-7，成品入库单见表2-8，成品出库单见表2-9。

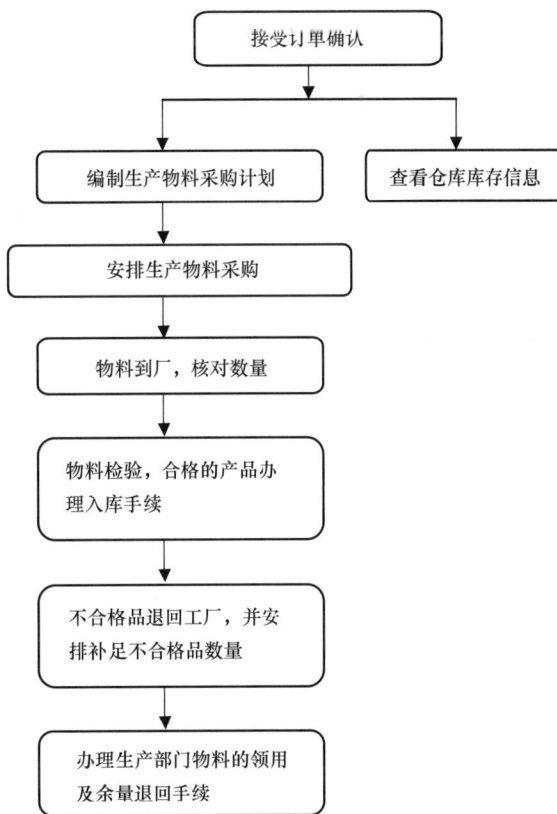

接受订单确认 → 编制生产物料采购计划 / 查看仓库库存信息

编制生产物料采购计划 → 安排生产物料采购 → 物料到厂，核对数量 → 物料检验，合格的产品办理入库手续 → 不合格品退回工厂，并安排补足不合格品数量 → 办理生产部门物料的领用及余量退回手续

图2-4 服装企业生产物料作业流程图

表2-7　面、辅料领用计划单

订　单　号：＿＿＿＿＿＿＿　　　　　　　　　　　生产单位：＿＿＿＿＿＿
客户名称：＿＿＿＿＿＿＿　　　　　　　　　　　　生产编号：＿＿＿＿＿＿

产品名称	货号、款号	规格	颜色	克重	幅宽	入库数量	出库数量	库存结余

领料人：＿＿＿＿＿＿　　　　审批人：＿＿＿＿＿＿　　　　仓　库：＿＿＿＿＿＿
日　期：＿＿＿＿＿＿　　　　日　期：＿＿＿＿＿＿　　　　日　期：＿＿＿＿＿＿

表2-8 成品入库单

订单号	颜色	品名及规格	数量	入库时间	备注

用途:＿＿＿＿＿ 经办人:＿＿＿＿＿ 仓库:＿＿＿＿＿ 日期:＿＿＿＿＿

表2-9 成品出库单

订单号	颜色	品名及规格	数量	备注

用途:＿＿＿＿＿ 签发人:＿＿＿＿＿ 领用人:＿＿＿＿＿ 日期:＿＿＿＿＿

四、服装生产物料的库存控制

服装产品的物料主要指服装产品生产所需要的面、辅料，以及生产所需要的机器设备、零件等。在服装产品生产物料成本中，面、辅料的成本为最大的一项。

面料、辅料的用量控制直接关系到相关订单是否有利润产生。一个有良好的生产物料质量管理体系的企业，其对面辅料的采购计划的制订、实施，库存的盘点、清查，出入库数量的统计，领用制度，清退余料和疵品面料等环节都有一个严格的控制体系及操作规范流程。

服装生产物料控制的主要工作重点有以下方面：

（1）严格控制面料、辅料采购的计划数量与实际入库的数量，避免造成面料、辅料库存积压。

（2）严格控制裁剪车间领取的大货面、辅料的总用量，控制其实际的单耗用量及损耗，避免裁剪车间在拉布过程中不合理地利用疵品面、辅料，造成面、辅料损耗增加，疵品零头面料增多。

（3）严格控制打样车间领取的面、辅料（用于制作产前样、船样、销售样、测试样、展示样）所需要的单耗用量和总用量。原则上要经过生产部经理批准并核实后才能发放。

（4）要求并监督裁剪车间每个订单裁剪完成后余料及疵品面、辅料的整理、折叠、数量、颜色的清点及统计归类工作，并及时退回仓库。

（5）仓库要严格控制裁剪车间领用的面、辅料数量与实际裁剪数量的核对工作，做好实际裁剪损耗率分析工作，以备日后翻单时作为核算面、辅料采购数量的依据。

（6）核实退回余料和疵品面料的数量，不良疵品情况需上报生产部经理和面、辅料采购跟单员。

服装生产物料控制跟踪表见表2-10。

表2-10　服装生产物料控制跟踪表

客人订单号：_____　产品名称：_____　订单数量：_____　交货日期：_____

项目 名称	订单数量	计划用料数	损耗	单耗	实际入库数	库存	结余	备注
面料1								
面料2								
面料3								
辅料1								
辅料2								
辅料3								
洗涤标								

项目 名称	订单数量	计划用料数	损耗	单耗	实际入库数	库存	结余	备注
PVC袋								
PP袋								
宣传卡								
不干胶条形码								
小吊卡								
纸箱								
衬板								
防盗标								
洗涤标								

仓　库：＿＿＿＿＿＿　　　领用人：＿＿＿＿＿＿　　　审核人：＿＿＿＿＿＿
日　期：＿＿＿＿＿＿　　　日　期：＿＿＿＿＿＿　　　日　期：＿＿＿＿＿＿

通常情况下，有些产品翻单的概率比较频繁。仓库管理员要对库存的面料做好规范存放工作，按缸号、颜色等分类存放在仓库的货架上，做好库存面料的清单资料。方便采购员在接受翻单的订单时查询库存信息，以便有效控制采购的数量。清查库存面料的工作流程如图2-5所示。

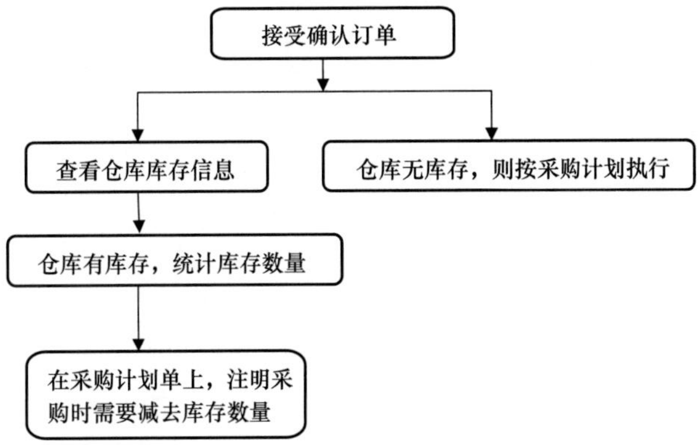

图2-5　清查库存面料的工作流程

思考与练习

1. 编制一份服装企业生产物料采购合同。
2. 编制一份服装企业生产物料采购明细表。
3. 简述服装企业对供应商的评估。
4. 简述服装企业仓库管理的岗位职责。
5. 编制一份服装企业生产物料跟踪表。
6. 简述服装企业生产物料的库存控制。

专业知识及专业技能——

服装生产技术管理

课题名称： 服装生产技术管理

课题内容： 服装样衣试制

服装生产信息文件

服装生产技术文件

服装样板管理

课题时间： 8课时

教学目的： 让学生了解服装企业服装生产技术管理的相关知识及其技能。

教学方法： 利用幻灯片和教师讲述同步进行。

教学要求： 1. 让学生了解服装企业服装生产技术管理的相关知识及其技能。

2. 让学生了解服装企业生产任务下达通知单的编制技术。

3. 让学生了解服装企业服装报价单的编制技术。

4. 让学生了解服装企业服装工艺单的编制技术。

第三章　服装生产技术管理

一、服装样衣试制

服装样衣，又称服装样品。在服装的生产过程中都会对不同样衣的称呼，主要是为了分类管理样衣和样衣在各个生产环节的重要性。同时，也是对样衣在大货生产过程中起到参考的作用，包括服装的工艺、款式、质量、面料辅料的品质等参考的重要依据。

1. 服装样衣的种类

服装企业样衣种类主要有产前样、产前首件样、大货样、船样（出货样）、推销样、展示样、销售样、一次样、二次样、客户原样、标准样。

（1）产前样：产前样是指大货生产前的样衣。

（2）产前首件样：产前首件样是指大货生产前流水线上第一件制作完成的样衣，首件样需要封样，并在车间显眼的位置进行展示。

（3）大货样：大货样是指大货生产过程中随机抽取的样衣。

（4）船样：船样又称出货样，是指大货完成，在货物出运装船前一周递交给客户确认的样衣。

（5）推销样：推销样是指服装企业设计制作的样衣推荐给客户推销用的样衣。

（6）展示样：展示样是指展会或公司样品间陈列展示的样衣。

（7）销售样：销售样是指客户产品发布会或订购会上用以推销或预销售展示的小批量样衣。

（8）一次样：一次样是指第一次经客户确认的样衣。

（9）二次样：二次样是指第二次经客户确认的样衣。

（10）客户原样：客户原样是指客户寄过来的样衣。此样衣有客户吊牌或盖章标记。

（11）标准样：标准样是指经客户确认或服装企业技术科制作的标准样衣。

2. 服装样衣的试制及相关文件的编制

（1）服装样衣的试制：服装样衣的试制必须要根据客户的资料要求和原样的要求进行制作。服装样衣试制要坚持以客户的资料为基础，同时结合客户对样衣的修改意见或要求，结合实际生产的工艺技术要求，结合生产的实际专业术语和行业习惯用语，避免样衣做出来效果很好，大货无法生产的尴尬局面。

样衣制作的流程图如图3-1所示。

接受打样任务

↓

预算面、辅料单耗用量

↓

安排面、辅料采购

↓

落实技术科打样任务

↓

技术科打样板，裁剪，粘衬复合

↓

技术科样衣缝制，锁眼，钉扣，水洗，检验

↓

检验合格，包装

↓

样衣评审合格，寄给客户

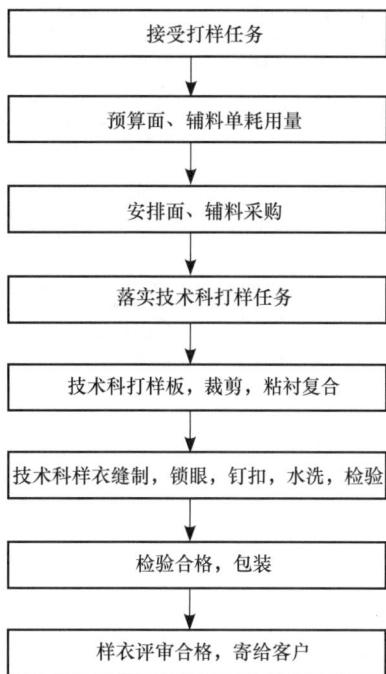

图3-1　样衣制作流程图

样衣制作图如图3-2～图3-4所示。

图3-2　样衣制作图1

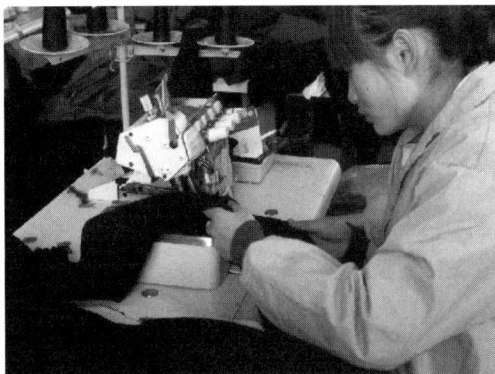

图3-3　样衣制作图2

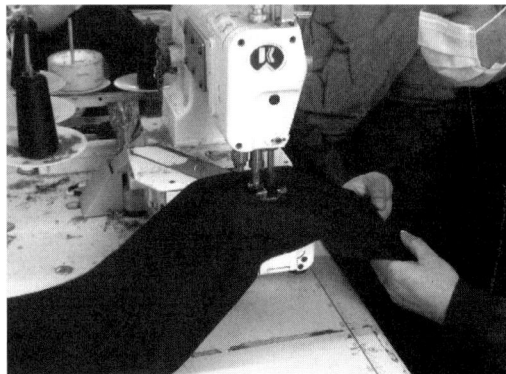

图3-4　样衣制作图3

（2）服装样衣的试制相关文件的编制：服装样衣单应记录样衣制作相关款式工艺技术要求及服装各部位尺寸。具体而言，样衣单的编制内容主要有：样衣品名、款号、货号、颜色、面料名称与成分、辅料名称与成分、样衣款式图（正面、背面）、样衣各部位尺寸、样衣数量、制单人、制表日期等。

样衣单见表3-1。

表3-1　样衣单

样衣品名		款　号		
货　号		颜　色		
面料名称		面料成分		
辅料名称		辅料成分		
样衣数量				
样衣款式图：正面			面料小样	
样衣款式图：背面			辅料小样	
样衣工艺技术要　求				

续表

部位 \ 尺寸 \ 尺码	XXS	XS	S	M	L	XL	XXL
胸围							
衣长							
腰围							
臀围							
袖长							
袖肥							
袖口							
裤口							
口袋宽							
口袋长							
摆围							
领围							
领宽							
前裆弧长							
后裆弧长							
备注							

制单人：_____ 复核人：_____

日　期：_____ 日　期：_____

3. 服装样衣跟单的流程

样衣主要是买卖双方的一个重要的参照物，是客户大货验收中工艺、品质等指标的样本，也是大货生产的重要参考物。因此，样衣的跟单在服装的生产过程中显得非常的重要。

样衣跟单流程图如图3-5所示。

4. 服装打样单

服装样衣打样制作前都需要编制服装企业样衣打样通知单，并将样衣打样通知单交相关生产部门，由生产部门技术科安排打样任务。样衣打样通知单需要说明样衣所使用的面、辅料品名称或者提供面、辅料小样，

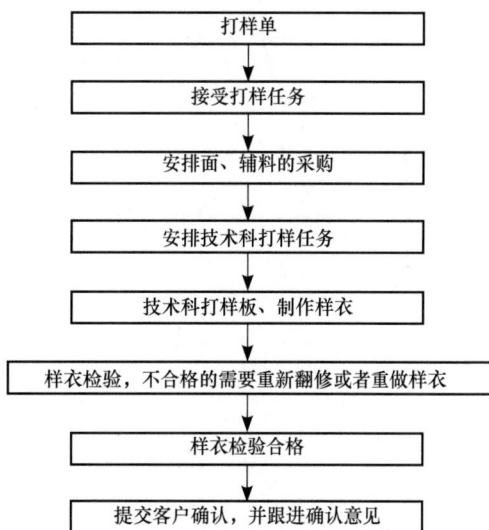

图3-5　样衣跟单流程图

客户确认的样衣交相关生产部门作为参考，使服装企业生产技术部门准确地按要求完成样衣的打样工作。

服装企业样衣打样通知单见表3-2。

表3-2 服装企业样衣打样通知单

客户名称		下单员	
货号		打样件数	
款号		下单日期	
颜色		完成日期	
面料说明			
面料小样1	面料小样2	面料小样3	面料小样4
辅料说明			
辅料小样1	辅料小样2	辅料小样3	辅料小样4
样衣款式图			
正面：		背面：	

工艺说明	规格尺寸					
	尺寸＼部位	XS	S	M	L	XL	XXL
备注：							

5. 服装样衣的评审

服装样衣经过检验或评审合格后，应及时寄送至客户手中。寄送样衣时需附上样衣寄送清单，以便客户准确获知寄送工厂及与寄送者之间的沟通交流。

样衣评审表见表3-3。

表3-3 样衣评审表

送样单位		产品名称	
样衣提供单位		款号/货号	
样衣性质	☐ 产前样 ☐ 大货样	☐ 船样	☐ 其他
样衣确认次数	☐ 1st ☐ 2nd	☐ 3rd	☐ 4th
送样日期			
送样数量			

技术要求	是	否
1. 面、辅料是否符合打样单要求？		
2. 样衣成品各部位尺寸是否符合要求？		
3. 缝制工艺是否正确？		
4. 包装方法、包装资料是否正确？		
5. 样衣款式是否正确？		
6. 洗涤标、吊牌、辅料文字、图案是否与工艺单资料相一致？		
7. 是否使用了替代的面、辅料？请说明。		

评审意见	
备 注	

送样人： _____ 复核人： _____

日　期： _____ 日　期： _____

　　样衣完成后，服装企业在寄送样衣给客户时，都需要附上样衣寄送清单，以便客户进行样衣审核。

　　样衣寄送清单见表3-4。

表3-4　样衣寄送清单

送样单位							
寄送单位							
样衣性质	□ 产前样		□ 大货样		□ 船样		□ 其他
样衣类别	□ 1st		□ 2nd		□ 3rd		□ 4th
送样日期							
送样数量							
尺码＼部位	XXS	XS	S	M	L	XL	XXL
胸围							
衣长							
腰围							
臀围							
袖长							
袖肥							
袖口							
裤口							
口袋宽							
口袋长							
摆围							
领围							
领宽							
前裆弧长							
后裆弧长							
备注							

寄样人：_____　　　　　　　　复核人：_____

日　期：_____　　　　　　　　日　期：_____

二、服装生产信息文件

1. 生产任务的安排

服装企业生产一般由生产厂长负责，规模较小的服装企业则由生产部门经理负责。在大货生产投产前，生产部负责人要了解每道工序的工时，每个工人每小时的产量，每日的日产量及整个订单的生产周期，对每一个车间主任的生产任务提出质量、数量、交货期、工艺、包装等具体的生产要求，其职责主要包括以下几个方面：

（1）大货投产前，要召开全厂各车间主任、班组长管理人员会议。

（2）向仓库下达大货订单面、辅料发放的预计数量。

（3）向裁剪部门下达大货订单面、辅料的领用计划单，仓库人员见到面、辅料领用计划单后，核实领用数量后方可办理面、辅料发放手续，避免面、辅料多发、少发、错发的现象发生。

（4）向裁剪车间移交全部的生产确认样样板，并办理样板的领用手续。

（5）向裁剪车间下达裁剪工艺单（含裁剪排料图、面、辅料小样色样卡、裁剪数量、用料单耗以及交货日期等信息）。

（6）向缝制车间下达缝制生产任务，提供缝制工艺单、产前确认样、辅料资料及位置、确定缝制的日产量及交货日期。缝制车间应提供大货首件样样品，并提交生产部确认后方可进行大货生产。

（7）向品质部门下达半成品、成品的检验任务。确保检验员的检验标准、检验要求、检验方法和步骤基本一致。

（8）向包装车间下达生产任务和包装要求，并移交包装资料及包装辅助材料。

（9）包装车间主任下达产品的后整理整烫、锁钉要求、包装质量要求、包装装箱要求，确认包装的日产量和交货时间，并办理成箱产品的入库手续，严格按照订单的数量及要求完成包装任务。

2. 服装企业生产任务计划通知单

服装企业生产任务计划通知单主要是为了生产管理者能及时了解各生产环节的生产状态，便于合理安排生产和控制生产进度。

服装企业生产任务计划通知单见表3-5。

表3-5 服装企业生产任务计划通知单

订单号：　　　　　客户名称：　　　　　生产单位：　　　　　编号：

产品名称	货号	规格	颜色	数量	交货日期

续表

产品名称	货号	规格	颜色	数量	交货日期

生产说明	裁剪	
	缝制	
	检验	
	包装	

备注：

制表人：＿＿＿＿＿＿＿　　　接单人：＿＿＿＿＿＿＿　　　执行人：＿＿＿＿＿＿＿
日　期：＿＿＿＿＿＿＿　　　日　期：＿＿＿＿＿＿＿　　　日　期：＿＿＿＿＿＿＿

表中各项内容说明如下：

订单号：表示客户所使用的订单号，便于服装生产型企业的理单跟单人员同外贸公司的理单跟单人员的联系，在同一个订单合同生产过程中，增加或修改的资料文件都应归入同一订单合同资料中。

客户名称：即下订单购买服装产品的一方。

生产单位：即为本厂生产或外发加工生产。

编号：表示企业内部的生产单号，在生产过程中为了区别不同的客户订单编号，把客人的订单号转化为企业内部的生产单号，便于企业内部生产部门之间的沟通。

产品名称：产品的种类名称。

货号：客户对该批次产品的编号。

规格：产品的尺寸，尺寸的表示方法可以用厘米、英寸，在生产过程中产品的表示方法需要统一。

交货日期：要具体明确交货日期的年、月、日，若订单数量较大需备注。

备注：注明客户的特殊要求，或生产过程中需要注意的事项。

制表人：指企业负责编制服装企业生产任务计划通知单的人。

接单人：一般为生产部经理。

执行人：为生产部各车间主任。

3. 服装企业生产任务下达单

服装企业生产任务下达主要是对生产车间进行任务布置，生产车间要严格按照生产部下单的任务安排生产任务，控制生产的质量和生产进度。

服装企业生产任务下达单见表3-6。

表3-6　服装企业生产任务下达单

订单号：　　　　　产品名称：　　　　　成品工厂：　　　　　客户名称：

成品合同描述								面料仓库	品名	颜色	幅宽	实发数量	累计发料	签名
品名	货号	规格	花型	颜色	数量	面料单耗	备注							
								裁剪车间	实际裁剪数量	累计裁剪数量	零头布	零头布总数量	疵布总数量	
辅料说明														
品名	货号	规格	颜色	数量	洗涤标	辅料单耗	备注							

							中间库	裁片实际收入数量		裁片实际发出数量	成品实际收入数量	
裁剪要求:							缝制车间	实际完成数量	疵片换片数量	成品疵品数量	报废数量	
缝制要求:												
检验要求:							检验车间	实际检验数量	累计检验数量	成品疵品数量	成品报废数量	
包装要求:												

续表

备注：	包装车间	成品收入数量	成品疵品数量	成箱合格率	成箱数量	

制表人：_____　　执行人：_____　　签发日期：_____　　完成日期：_____

4. 服装企业报价单

服装企业报价单主要是提供给客户的询价及相关样衣报价的表单。这样可以使服装企业及时掌握该款报价样衣的具体参数要求及价格，便于企业准确地预估报价样衣的相关生产成本及利润情况。

服装企业报价单见表3-7。

表3-7　服装企业报价单

类别/品名：				款　号			供应商		
前期成本价				零售价			数　量		
物料 ＼ 价格		物料名称	幅宽/规格	单位	单件用量	损耗率	单件总用量	单价	金额	样衣图片
面料类	主料	面料		m						
	配料	里料		m						
		胆布		m						
		配料（1）		m						
辅料类		止口拉链		条						

辅料类	门襟拉链	条					
	裤子拉链	条					
	小领拉链	条					
	罗纹	g					
	拷贝纸	张					
	120g丝绵	m					面料布样
	120g针棉	m					
	绒包						
	羽绒	g					
	四件扣（明/暗）	个					
	猪鼻扣						
	气眼（金属枪色）	个					
	日子扣	个					
	棉绳	个					配料实样
	印标						
	织带	m					
	双眼卡扣	个					
	纸箱(包括编织袋)						
	胶袋	个					
	辅料						
材料成本小计							
费用项目	成衣水洗						
	印花费用						
	绣花费用/个						
	工价（含17%税率）						
	特殊工艺备注：① ② ③						

续表

费用项目小计：			
报价总成本合计　元			
工厂报价与指导价差异		最终确认价格	
差异原因			
跟单确认签名：	审计部审核：		生产部审批：
日　　期：	日　　期：		日　　期：

三、服装生产技术文件

1. 生产工艺单的编制

生产工艺单编制的主要目的是为了指导订单生产过程中严格按照工艺单的要求来操作和执行，作为生产的指导性技术文件资料。同时，有利于掌握并控制大货生产过程中的计划实施情况是否符合工艺单的要求。

生产工艺单的编制必须要以客户提供的订单资料、包装资料和实物样品、打样资料为依据，严格按照客户的工艺技术要求来编制，编制的工艺单要符合本企业的实际生产需要，符合实际生产管理，易于企业各部门职工阅读和理解，这样的工艺单技术文集资料才是企业真正所需生产文件。

在生产的过程中，各生产部门要及时研读和交流生产工艺单技术资料，如果有疑问要及时的向厂部技术部门提出来，便于技术部门及时调整工艺不当之处或作出更明确细致的说明，避免大货生产过程中不必要的经济损失。

2. 生产工艺单的管理

生产工艺单的管理必须要规范化，形成书面的管理文件资料，便于随时查阅相关订单合同的信息，及时与客户交流、沟通，促进部门之间的相互交流沟通，使大家在交流的过程中有一个统一的认识。

特别要强调的就是订单合同的编号要统一、规范，一定要做到每个订单合同的编号都是唯一的，便于客户、供应商、工厂、同事之间的相互交流。

订单合同对应的所有面料、辅料采购合同，包装资料、生产技术文件资料都要以订单合同编号为标志，以区分不同的订单。

服装企业服装企业生产工艺单见表3-8。

表3-8 服装企业生产工艺单

款式名称：女式时尚合体上衣　订单号：1300　样板号：123456　生产数量：15000　交货日期：

工艺质量要求

- 针距：13～14针/3cm
- 前片：先在腰部分割处抽褶，抽褶均匀，拼合公主线和横向分割，缝份1cm，大小一致，公主线缉0.6cm明线；装袋盖，根据刀口圆角方向朝上。做驳头，大小驳头V型弧线缉0.6cm明线，根据刀口相叠，夹于领口V型弧线中，缉0.6cm明线。
- 后片：拼合后和公主线，缝份1cm，大小一致，熨烫平整。下摆折边4cm，熨烫平整。拼合肩缝。
- 领子：缝合领脚和领面，缝份1cm，领面缉0.6cm明线，领口串口处抽碎褶，拼合领面领座，领角窝势自然，并修剪至0.6cm，外弧线缉0.6cm明线。装领时刀眼对齐，领圈无抽缩拉还现象。左右领子对称，外松里紧，平服。
- 袖子：在袖山顶根据刀眼抛0.6cm缝线抽褶，缝合袖侧缝，并缉0.6cm明线，在袖口部抽褶，缝合袖口弧线进行吻合，装缝1.5cm，并缝袖口。先根据刀眼将袖山和袖隆进行吻合，装袖时大小一致，刀眼对齐。装袖圆顺饱满。
- 下摆用三角暗针缲牢，正面无针印，熨烫平整无起涟。

款式和细节图

规格部位（单位：cm）

规格部位	155/80A	160/83A	165/86A	档差
胸围	89	92	95	3
腰围	71	74	77	3
摆围	93	96	99	3
后衣长	49	51	53	2
肩宽	36	37	38	1
袖长	37.5	39	40.5	1.5
袖口	24	25	26	1
袖口高	7.5	8	8.5	0.5
袋盖长	13	13	13	0

颜色配比（单位：cm）

规格颜色	155/80A	160/83A	165/86A	总数
白色	100	300	200	600

续表

款式名称：女式时尚合体上衣	订单号：1300	样板号：123456	生产数量：15000	交货日期：

整烫要求：衣服整烫平整，无烫皱现象，无水花烫印。褶皱不可烫死，要保持自然，只需轻微用蒸汽定型即可，分割线整烫顺直，平服不起皱

结构造型说明

- 本款为女士时尚合体上衣，整体造型为X型，两粒扣，第一粒扣在腰节处
- 前片为弧形分割，不通到下摆，在腰节处装袋盖，口袋为假袋，盖上翻，且袋盖一边通到侧缝处，另一边为圆角造型，缉明线
- 后片弧形分割，线条走势符合人体曲线，收腰强烈
- 领型为V字领开法，大小两个驳头按图示相叠夹于V字分割中，圆角驳头和圆角领脚，并挖领面，串口处领面有抽褶
- 袖子为中袖，袖山顶部抽细褶，袖口处有分割，并在袖口下部抽细褶，相叠加式。袖口为圆角，相叠加式

面料小样　　里料小样　　纽扣小样

面、辅料用料说明

布料名称	成分	幅宽（cm）	单耗（cm）
面料	全棉	144	100
里料	塔夫绸	144	90

辅料	规格	部位
配色线	白色60s	
无纺衬	25g，白色	领面、下摆、挂面
纽扣	包扣，直径3.5cm，高1cm	扣眼处
主标	长3cm，高1cm	后领圈中下2cm

制单人：	日期：	审核人：	日期：

四、服装样板管理

服装企业的样板一般都是受控的，对样板的领用、修改、核对都是比较严格的。

服装企业样板的管理主要在于严格控制人为因素如样板领用错误、裁剪尺寸单错误等，造成面、辅料的损失等情况的发生。

样板领用记录单见表3-9。

表3-9 样板领用记录单

订单合同号：　　　　样板款式名称：　　　　样板编号：　　　　样板受控编号：

产品名称		客户名称	
尺寸规格		样板制作人	
样板总数		样板复核人	
附件样板数		样板封样人	
样板领用说明		样板封样日期	
净样		毛样	
样板领用日期		样板归还日期	
备注：			

领用人：＿＿＿＿＿＿　　　　样板保管员：＿＿＿＿＿＿

思考与练习

1．编制一份服装企业生产任务下达通知单。

2．编制一份服装企业服装报价单。

3．编制一份服装企业服装工艺单。

4．编制一份服装企业打样单。

5．简述服装样品的种类及评审。

6．简述服装样板样板领用记录单有哪些内容。

专业知识及专业技能——

服装裁剪技术管理

课题名称：服装裁剪技术管理

课题内容：裁剪方案的制订

　　　　　　排料划样

　　　　　　铺料

　　　　　　裁剪

　　　　　　验片

　　　　　　分包

课题时间：9课时

教学目的：让学生了解服装企业裁剪技术管理的相关知识及其
技能。

教学方法：利用幻灯片和教师讲述同步进行。

教学要求：1. 让学生了解服装企业裁剪技术管理的相关知识要
求及表单编制技巧。

　　　　　　2. 让学生了解服装企业裁剪技术的重点和难点。

第四章　服装裁剪技术管理

一、裁剪方案的制订

服装裁剪是成品生产前最重要的一道工序。裁剪是把整匹的面、辅料按照成品产前样板、排料图进行排料，并裁剪成符合规格尺寸要求的裁片，供缝制车间制作加工成成品。裁剪作业前，必须对所有的面料、辅料进行检验，检验合格的面料、辅料方可安排裁剪。面料检验作业图如图4-1所示。

图4-1　面料检验作业图

裁剪作为服装生产过程中的首道工序，其质量的好坏直接影响成品的质量、规格尺寸、颜色色差等问题。另外，在大批量生产过程中，制订合理的裁剪方案可以有效控制生产过程中面、辅料的损耗率，避免生产成本的增加。

案例：某裁剪车间接受一个裁剪生产任务，并向仓库领取裁剪面料，仓库给付面料的同时，附上该服装面料织造公司送货清单（表4-1）。请根据表中的具体数量、颜色的信息，为裁剪车间编制一份服装裁剪拖料单（备注：段长=10米，每层排料件数为4件）。

表4-1 服装面料织造公司送货清单

客户：＿＿＿＿＿＿＿＿＿

交货日期：＿＿＿＿＿＿

项目 匹数	订单号	货号	品名	颜色	缸号	米数		备注
1				蓝色	1	101		
2				红色	1	103		
3				黑色	1	107		
4				蓝色	1	108		
5				红色	1	106		
6				黑色	1	108		
7				蓝色	1	107		
8				红色	1	109		
9				黑色	1	106		
10				蓝色	1	103		
11				红色	1	107		
12				黑色	1	105		
13				蓝色	1	104		
14				红色	1	103		
15				黑色	1	102		
16				蓝色	1	108		
17				红色	1	109		
18				黑色	1	105		
19								
合计						1901		

送货单位：＿＿＿＿＿＿＿＿＿＿ 仓 库：＿＿＿＿＿＿＿

日 期：＿＿＿＿＿＿＿＿＿＿ 日 期：＿＿＿＿＿＿＿

　　制作裁剪拖料记录单的目的就是为了掌握面料在裁剪过程中的实际利用率和面料损耗。在裁剪任务完成后，裁剪车间需要向仓库退回裁剪剩余的面料。

　　裁剪车间编制一份服装公司裁剪拖料记录单见表4-2。

表4-2　服装公司裁剪拖料记录单

客户：_____　款号：_____　数量：_____　件　　单位：米　　日期：_____
面料名称：_____　幅宽：_____　第1床_____　排料件数：4件　　段长：10米

名称／匹数	颜色	米数	产品规格					层数	余布	损耗	备注
			S	M	L	XL	XXL				
1	蓝色	101	1	1		1	1	10	0.5	0.5	
2	红色	103	1	1		1	1	10	1.5	1.5	
3	黑色	107	2		2			10	5	2	
4	蓝色	108		2		2		10	6	2	
5	红色	106			4			10	4	2	
6	黑色	108		2		2		10	4	4	
7	蓝色	107	2				2	10	3	4	
8	红色	109		2	2			10	4	5	
9	黑色	106		1	2	1		10	3	3	
10	蓝色	103	1	1	1	1		10	1	2	
11	红色	107	1		2		1	10	6	1	
12	黑色	105		2		2		10	3	2	
13	蓝色	104			4			10	3	1	
14	红色	103	1	1	1	1		10	1	2	
15	黑色	102	2		1		1	10	1	2	
16	蓝色	108		2		2		10	1	7	
17	红色	109			4			10	8	1	
18	黑色	105	1		2		1	10	1	4	
19											
合计		1901						180	56	45	

制表人：_____　排料：_____　复核：_____　裁剪：_____

1. 裁剪方案的内容

裁剪方案是指服装企业生产中把需要裁剪的数量、规格尺寸、颜色，进行合理安排，并使面、辅料损耗降到最低。

①确定裁剪的床数、每床裁剪的段长。

②确定每层裁剪铺布的层数、每层产品的规格。

③确定每层不同规格产品的件数。

2. 裁剪方案的表示方法

服装企业根据各自企业的实际生产需要，裁剪方案的表示法也是各不相同。最常见的表示方法是用表格的形式来表示。

案例：某服装企业接受一批裤子生产任务，裤子的数量为1500条，规格尺寸为S码300条，M码300条，L码300条，XL码300条，XXL码300条。请制定裁床分配方案。

先确定裁床长度为14m，以L码单耗为1.3m计算，所以方案最多每层只能裁10条，每层段长为1.3m×10=13m。需要铺布的总层数为（300×5）÷10=150层。裁床分配方案见表4-3。

表4-3 裁床分配方案

订单裁剪分配	订单数量1800					每床的拉布层数
	S码	M码	L码	XL码	XXL码	
第一床裁剪数量（件）	300	—	150	50	300	150层
第二床裁剪数量（件）	—	300	150	250	—	150层

3. 裁剪方案制订的原则

裁剪方案制订的原则应考虑实际生产过程中裁剪的设备能力，从节约面、辅料的角度出发，制订合理的裁剪方案，使面、辅料的损耗降至最低程度，提高裁剪工作效率。

裁剪方案制订必须坚持以下几个方面：

根据现有裁剪设备能力，制定每床的段长，段长的长度直接影响每层铺料的损耗和铺料的工作效率；

合理制定铺料的层数，铺料层数太多、太少都不易控制裁片的尺寸；

相同颜色、相同面料的配套产品，一定要注意缸差、色差；

裁剪方案制订时一定要考虑先裁大片，再裁小片，能套裁的尽量安排套裁；

裁剪方案制订时应考虑每匹面料的米数、颜色、幅宽。

案例：根据表4-4服装裁剪规格数量配比表，编制一份服装企业裁剪生产配比表。要求3个颜色同时铺料，4件排料，最多一床铺150层，请问几床裁完？

表4-4 服装裁剪规格数量配比表

规格\颜色	S	M	L	XL	XXL	小计	备注
黑色	300	500	800	500	300	2400	
蓝色	400	600	800	600	400	2800	
白色	200	400	600	400	200	1800	
合计	900	1500	2200	1500	900	7000	

注 150÷70≈2.14倍，6种方式轮流搭配裁剪，直算规格，横算颜色数量。

（1）计算公式：

倍数=每床的层数÷订单总数的前2位数=150÷70≈2.14倍

每种颜色每层的排料裁剪件数=每种颜色的总数前2位数×倍数

每种颜色总的排料裁剪合计件数=每种颜色的总数÷件数

黑色每层的排料裁剪件数：24×2.14=51.36　（根据四舍五入原则取整数即51）

蓝色每层的排料裁剪件数：28×2.14=59.92　（根据四舍五入原则取整数即60）

白色每层的排料裁剪件数：18×2.14=38.52　（根据四舍五入原则取整数即39）

黑色排料裁剪合计件数：2400÷4=600

蓝色排料裁剪合计件数：2800÷4=700

白色排料裁剪合计件数：1800÷4=450

（2）编制服装企业裁剪生产搭配表：服装企业裁剪生产搭配表见表4-5。根据表4-5可以准确了解裁剪床数及目标裁剪任务。

表4-5　服装企业裁剪生产搭配表

编号：_____　客户：_____　款号：_____　品名：_____　数量：_____

床数	规格					件数	颜色			层数	数量
	S	M	L	XL	XXL		黑色	蓝色	白色		
1	1		2		1	4	51	60	39	150	600
2		2		2		4	51	60	39	150	600
3		1	2	1		4	51	60	39	150	600
4	1	1		1	1	4	51	60	39	150	600
5			4			4	51	60	39	150	600
6	1		2		1	4	51	60	39	150	600
7		2		2		4	51	60	39	150	600
8		1	2	1		4	51	60	39	150	600
9	1	1		1	1	4	51	60	39	150	600
10		2		2		4	51	60	39	150	600
11	2				2	4	51	60	39	150	600
12			4			4	39	40	21	100	400
合计	6	10	16	10	6	48	600	700	450	1750	7000

制表人：_____　　复核人：_____

制表日期：_____　　复核日期：_____

二、排料划样

排料就是排板，排料划样就是依照裁剪方案规格精密编排，以最小的面积或长度将所有纸样画在排料纸或布料上。排料技术的高低直接影响产品的质量，对面料的利用率起到了决定性的作用。因此，排料前必须要了解产品的结构设计、制作工艺的要求，了解所使用面辅料的性能特点，便于排料时能够合理地考虑其综合因素来进行排料。排料时所需的资料有生产工艺单、纸样、生产样板、面料幅宽、裁剪方案等。

1. **排料图的分类**

服装排料图分为实际生产纸样1∶1排料图和缩样排料图两种。

实际生产纸样1∶1排料图：是根据1∶1的比例绘制的实际生产用的工业样板。服装企业中1∶1工业纸样通常适用于产品规格多、订单数量多的产品。

缩样排料图：是将实际生产用的工业纸样按1∶5、1∶10或其他比例缩小，将其按照裁剪方案进行排料。

2. **排料划样的方法**

服装企业排料划样的方法主要有手工排料和电脑排料两种。

（1）手工排料：目前小部分的服装企业采用手工排料的方法进行操作。服装企业排料是根据裁剪方案或工艺单文件，凭借丰富的经验进行全手工的排料，此方法对排料员的个人技能要求比较高。同时，在实际的生产中可以交叉控制面料的损耗。

（2）电脑排料：需要配置相关的设备软件，投入成本高，对操作人员的要求也比较高。此方法在服装企业中应用比较广泛。通过专业软件系统，可以绘制并输出1∶1排料图，也可以用打印机打印缩小比例的排料图，再根据该缩小比例的排料图进行实际面料排料、裁剪。

三、铺料

铺料也称拉布，是根据裁剪方案制订的铺料段长和铺料的层数，将面料一层层平铺在裁床上的工作。铺料作业图如图4-2、图4-3所示。

图4-2 铺料作业图1

图4-3　铺料作业图2

1. 铺料的方式

（1）单面同向铺料法：指铺料时每一层的布面都向上或都向下，且铺布的起点和终点的方向是一致的。单面同向铺料法如图4-4所示。

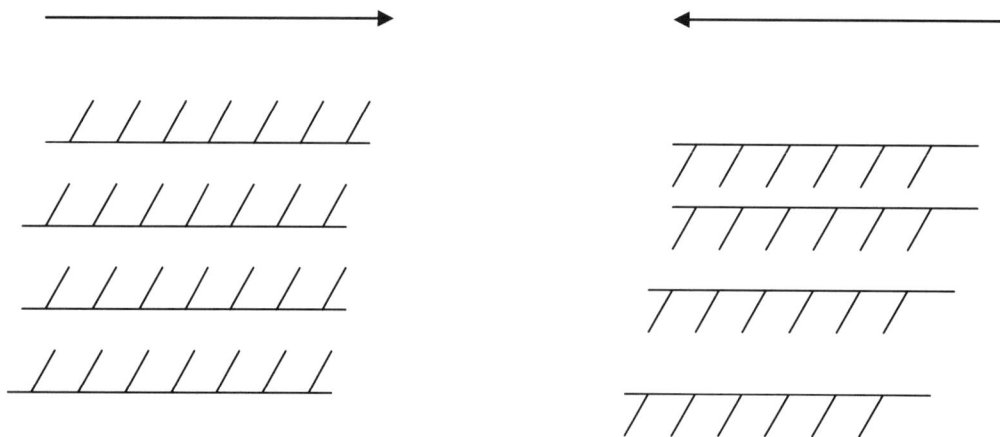

图4-4　单面同向铺料法

（2）单面双向铺料法：指铺料时，布面每一层都向上或布面每一层都向下，而每一层毛方向不一致的铺料方法。单面双向铺料法如图4-5所示。

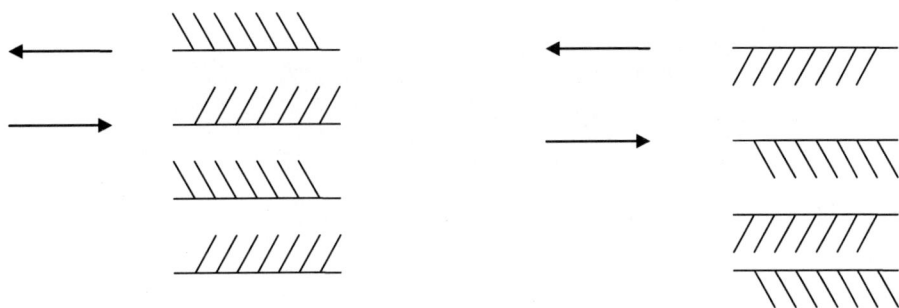

图4-5　单面双向铺料法

（3）合面同向铺料法：指布面对布面进行铺料，并且毛方向相同的铺料方法。合面同向铺料法如图4-6所示。

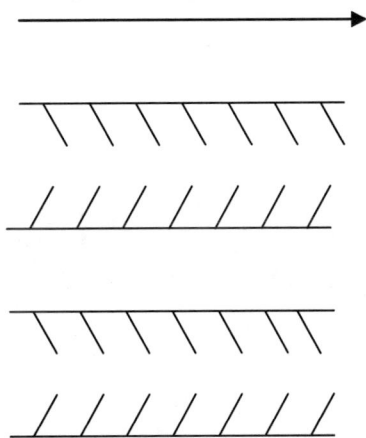

图4-6　合面同向铺料法图

（4）双向单面铺料法：指布面对布面进行铺料，毛方向不一致的铺料方法。双向单面铺料法如图4-7所示。

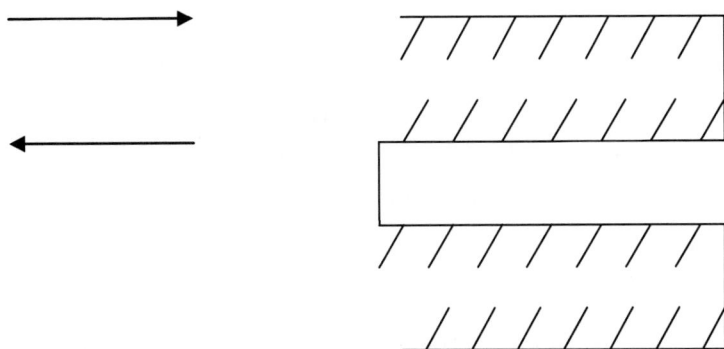

图4-7　双向单面铺料法

2. 铺料的准备工作

（1）向仓库领取正确的面料，并确定面料的幅宽、数量、颜色、缸号等。

（2）根据工艺单要求，编制裁剪方案。

（3）领取样板，依据裁剪工艺单进行划样。

（4）复核排料图、尺寸规格、裁片等是否齐全、正确。

四、裁剪

裁剪又称割布，裁剪质量的好坏直接关系成品外观造型效果和成品规格偏差值。所以，裁剪前的准备工作和实际裁剪操作显得尤其重要。裁剪前的准备工作主要是检验铺料和排料图的情况。裁剪断布设备如图4-8所示。

裁剪工序的质量控制主要是为了有效地解决生产过程中因裁剪尺寸误差、颜色色差、面料花型误用等原因造成的经济损失。因此，裁剪人员在裁剪作业时必须严格执行裁剪方案要求和裁剪操作规定，这样才能保障裁剪的质量、裁剪人员的人身安全，从而提高生产效率。

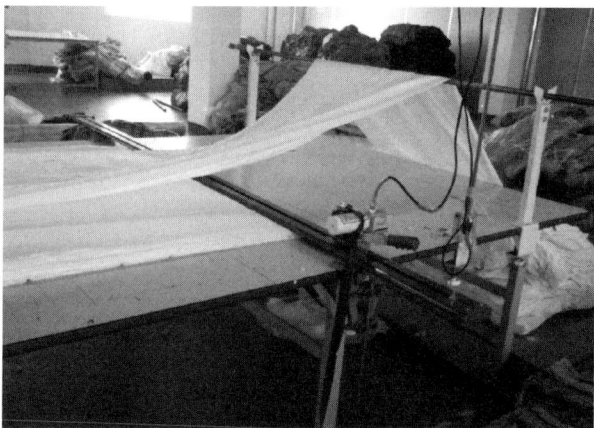

图4-8　裁剪断布设备

1. 检查铺料

（1）检查铺料的面料、颜色、幅宽等是否符合要求。

（2）复核铺料的长度、层数、幅宽、尺寸等是否符合要求。

（3）检查铺料丝缕方向，铺料有无纬斜，布边是否平齐，花型方向是否正确。

2. 检查排料图

（1）检查排料图是否与工艺单中的排料图一致。

（2）核对排料图上的规格尺寸是否有误，裁片是否齐全，是否符合裁剪方案要求。

（3）检查排料图中的标记（如刀口定位标记）是否符合要求，是否齐全。

（4）检查排料图中线条是否清晰正确。

3. 裁剪技术要领

（1）裁剪人员在裁剪作业时，必须要做好保护措施，以保证自身的安全。例如双手要戴上金属手套。

（2）裁剪时，应保持裁剪刀垂直于裁床，避免裁床上面料的上、中、下层裁片产生误差。

（3）从外口向内口裁，先竖后横，逐段裁剪。

（4）在裁剪薄料时，或者铺料的高度低于5cm以下时，裁床上面料的长度方向两边都要用夹子先固定住，以防裁剪时裁片错位。

（5）裁剪定位刀口要准确，刀口深度不可以超过0.3cm。

（6）定期更换裁剪刀片，避免因裁剪刀片刀刃不锋利而引起裁片起毛、钩丝。

（7）定期维护、检修裁剪设备，保证裁剪设备的正常使用。

（8）加强裁剪人员的上岗前培训工作，提高安全操作意识。

裁剪作业图如图4-9、图4-10所示。

图4-9　裁剪作业图1

图4-10　裁剪作业图2

五、验片

验片是对裁剪质量的检验，验片的目的是防止不合格的裁片进入缝制环节。每个服装企业裁剪车间每一包捆扎的裁片的数量没有统一的标准。在实际操作中工厂对每包裁片数量的要求是每包裁片的数量基本要一致，且一包内裁片的颜色要一致。

这样可以避免产品在生产过程中上下道工序交接时便于清点数量，且一包内裁片不会出现色差。裁剪好的裁片经验片合格后方可以分包。裁剪好待检验的裁片如图4-11所示。

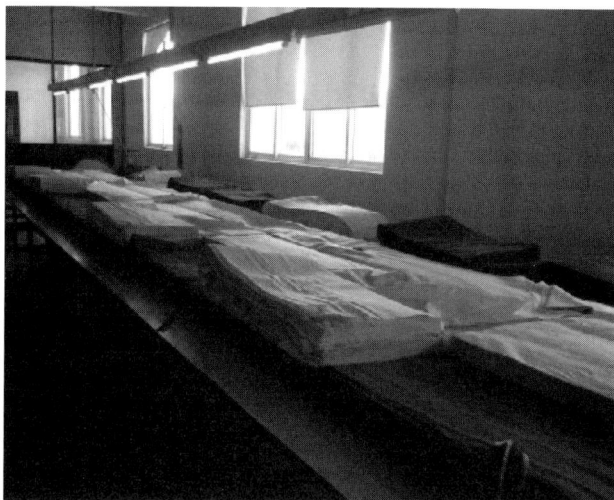

图4-11　裁剪好待检验的裁片

验片的主要内容有以下几个方面：

（1）检查裁片的规格尺寸是否无误。

（2）检查裁片是否齐全，是否符合工艺单的要求。

（3）检查裁片面料使用是否正确。

（4）检查裁片的花型方向、丝缕方向是否符合工艺单要求。

（5）检查裁片的四周裁剪是否顺直。

六、分包

目前，服装企业对裁片的品质控制只停留在应付领导检查的状态，而更多的时间花在了服装半成品、成品的质量检验。因此，造成了部分不合格的裁片进入缝制环节，缝制过程中出现裁片数量短缺、裁片疵点多、裁片尺寸误差较大的情况，影响了生产的进度，增加了上下道部门之间的矛盾（裁剪人员、缝制人员、检验人员）。

服装企业必须建立完善裁片的品质控制，从裁片的源头抓起，杜绝不合格的裁片进入下道工序，确保每条裁片的质量符合裁剪的要求。因此，服装裁片在裁剪完成时就要有针对性地对裁片进行分包，有效地控制裁片的色差、质量等要求。

根据裁剪要求需要对裁片进行分包，裁片分包图如图4-12所示。

裁片分包需要注意的事项有以下几个方面：

（1）每包裁片上都必须附有工艺流程卡，见表4-6。

（2）工艺流程卡上信息内容应与实际相符。

（3）每包裁片必须是同一个颜色、同一个规格尺寸、同一个订单的相同产品，切忌张冠李戴。

图4-12　裁片分包图

表4-6　工艺流程卡

订单号	
产品名称	
颜色	
规格	
裁剪数量	
裁剪工	
缸号	
发出数量	
车工	
实收数量	
检验	
回修数量	
包装工	
备注	

（4）每包裁片必须来自于同一匹面料或同一个缸号的面料。

（5）每包裁片都应用布条或绳带进行捆扎。

思考与练习

1．简述服装裁剪技术的主要流程。

2．简述服装裁剪铺料的方法有哪些?

3．某服装企业接受一批衬衫生产任务,衬衫的数量为27000条,规格尺寸为S码3000条,M码6000条,L码6000条,XL码4500条,XXL码7500条。请说明其裁剪方案应如何制订。

4．裁剪技术的要求有哪些?

5．裁片分包需注意哪些事项?

6．裁片验片的目的和要求有哪些?

专业知识及专业技能——

服装缝制技术管理

课题名称：服装缝制技术管理

课题内容：服装缝制概念及流程

服装缝制前面料缝缩率测试

服装缝制前缝纫线消耗比值E测试

缝制流水线的制定

服装缝制生产组织

服装缝制工艺品质控制

课题时间：8课时

教学目的：让学生了解服装企业缝制技术管理的相关知识及其技能。

教学方法：利用幻灯片和教师讲述同步进行。

教学要求：1. 让学生了解服装企业缝制技术管理的相关知识要求及表单编制技巧。

2. 让学生了解服装企业缝制技术管理的重要性。

第五章　服装缝制技术管理

一、服装缝制概念及流程

1. 服装缝制概念

服装缝制是服装成衣的重要工序之一。服装缝制主要是运用相关的缝制设备，将服装的裁片按照工艺的要求，进行缝合的一种方式，使平面的裁片立体化。

服装缝制作业图如图5-1所示。

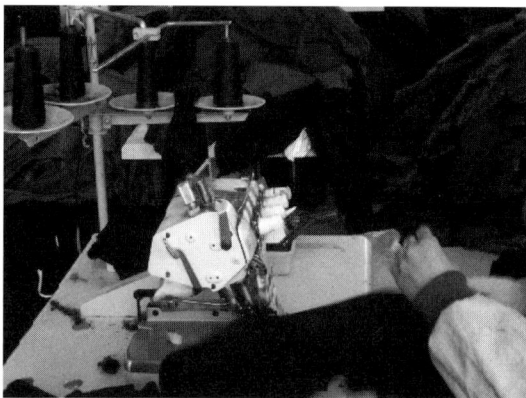

图5-1　服装缝制作业图

2. 服装缝制流程

这里以女衬衫缝制为例，其主要工序工艺流程可以分为样板制作、面料裁剪、缝制这三大步骤。女衬衫缝制工序工艺流程如图5-2所示。

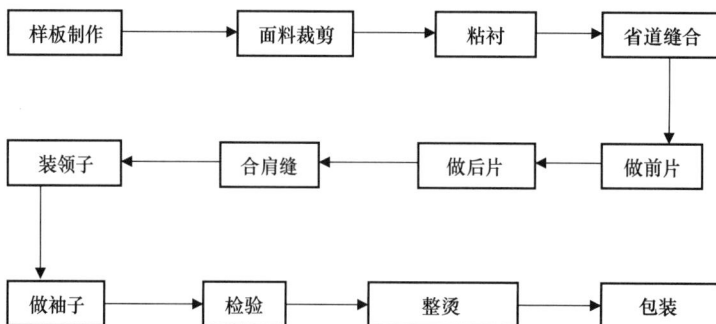

图5-2　女衬衫缝制工艺工序流程图

二、服装缝制前面料缝缩率测试

1. 测试的目的

面料缝缩率测试实验的目的有以下几个方面。

①了解面料缝制后的实际缩缝情况，便于计算缝缩率数据。

②了解成品尺寸的实际缝缩损耗情况，使大货面料裁剪时加放的缩缝量更合理。

③可以分析造成缝缩率的原因，利于大货生产时成品尺寸的控制。

④可以了解和建立不同面料的缝缩率信息数据库。

2. 测试的条件

面料缝缩率测试实验主要由设备型号、缝线规格、针距密度、缝针型号、面料的品种这几个方面因素所决定的。缝缩率实验的条件测试表见表5-1。

表5-1　面料缝缩率实验的条件测试表

编号	设备型号	缝线规格	针距密度	缝针型号	面料品种	备注

制表人：_____　　日期：_____

3. 实验的步骤

（1）准备工作：裁剪10cm×100cm大小的面料三块，并在试样上做好编号和标记，如图5-3所示。

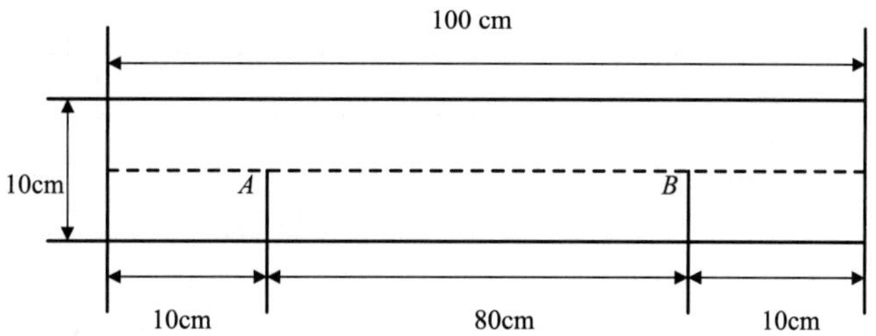

图5-3　经纬向面料标记示意图

（2）缝制要求：将两块丝缕方向相同的面料试样重叠，在正常的缝制状态下，在试样的中间缉一条直线，并将缝好后的测试结果填在表5-2中。

表5-2 面料缝缩率实验测试记录表   单位：cm

面料名称	经纬向	试样编号	缝前尺寸	缝后尺寸	缝缩率	平均值	备注
	经向	1					
	经向	2					
	经向	3					
	纬向	1					
	纬向	2					
	纬向	3					

记录人：_____   复核人：_____
日 期：_____   日 期：_____

（3）测量计算公式：

$$缝缩率=（缝前尺寸-缝后尺寸）÷缝前尺寸$$
$$平均值=三块试样的缝缩率之和÷3$$

三、服装缝制前缝纫线消耗比值E测试

缝纫线消耗比值E测定是为了测试缝纫线迹在正常情况下缝线的实际使用率，主要以预测单件产品的缝线使用量和控制缝线的使用情况，减少缝线的损耗、节约成本为目的。

缝线消耗比值E主要采用缝迹定长法和缝线定长法。

1. 缝迹定长法

实验数据表见表5-3。

表5-3 缝迹定长法的实验数据表   单位：cm

测试项目	线的名称	测量数据			平均值	备注
		第一次	第二次	第三次		
线迹的长度（C）	面线					
	底线					
拆出线的长度（L）	面线					
	底线					
缝线消耗比值（$E=L/C$）	面线					
	底线					

记录人：_____   复核人：_____
日 期：_____   日 期：_____

2. 缝线定长法

实验数据表见表5-4。

表5-4　缝线定长法的实验数据表　　　　　　　　　单位：cm

测试项目	线的名称	测量数据			平均值	备注
		第一次	第二次	第三次		
标记线段的长度（L）	面线					
	底线					
标记线段缝制的线迹长度（C）	面线					
	底线					
缝线消耗比值（E=L/C）	面线					
	底线					

记录人：_____　　　复核人：_____

日　期：_____　　　日　期：_____

四、缝制流水线的制定

　　服装成衣生产是通过流水作业来完成的。在服装企业大货生产中，一件成衣需要经过多个环节和人员的操作才可以完成，目的在于，合理的节约生产成本，提高生产经济效益和生产的速度、质量，使大货的整体质量水平一致，不会出现严重的质量问题。

　　服装企业生产工序分得越细，其成品服装品质会越好、生产效率更高。服装企业大货生产过程中，由于订单数量、款式、颜色、客户要求的不同，服装企业都会制定详细的生产工序和标准工时，便于合理掌握生产的进度和生产工价核算。

　　首件封样单是为了控制大货首件服装的工艺要求、质量等达到客户或工艺单技术文件的要求。首件封样的样衣是大货生产的参考依据，大货生产一定要严格按照首件封样的意见进行修改样衣的细节要求，确保大货的品质符合首件封样的要求。

　　首件封样单见表5-5。

表5-5　首件封样单

客户：　　　　　　　　订单号：

品名		款号	
货号		颜色	
面料名称		面料成分	
辅料名称		辅料成分	
封样用途			

续表

封样意见							
部位＼尺码	XXS	XS	S	M	L	XL	XXL
胸围							
衣长							
腰围							
臀围							
袖长							
袖肥							
袖口							
裤口							
口袋宽							
口袋长							
摆围							
领围							
领宽							
前裆弧长							
后裆弧长							
备注							

封样人：_____　　　　复核人：_____

日　期：_____　　　　日　期：_____

　　服装企业生产劳动工序定额是为了合理安排生产的设备、人员，掌握生产需要的时间和相关人数，便于控制大货的生产进度，合理安排生产。

　　服装企业生产劳动工序定额表见表5-6。

表5-6 服装企业生产劳动工序定额表

编号: 款号:

工序号	工序名称	设备	单位	数量	工时（分）	人数
1						
2						
3						
4						
5						
6						
7						
8						
9						
10						
11						
12						
13						
14						
15						
16						
17						
18						
19						
20						
21						
22						
23						
24						
25						
26						
27						
28						
29						
30						
31						
32						
33						
34						

制表人: _____ 复核人: _____ 日期: _____

五、服装缝制生产组织

服装企业缝制车间生产的组织是工作量大、涉及范围广的工作。缝制车间承担着把裁片转换成成品的一个重要环节。服装企业缝制车间组织结构图如图5-4所示。

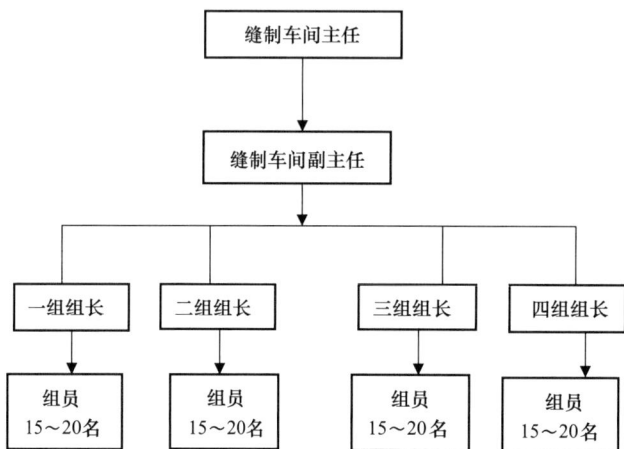

```
            ┌──────────────┐
            │  缝制车间主任  │
            └──────┬───────┘
                   ↓
            ┌──────────────┐
            │ 缝制车间副主任 │
            └──────┬───────┘
     ┌────────┬────┴────┬────────┐
┌────┴───┐┌───┴────┐┌───┴────┐┌───┴────┐
│ 一组组长││ 二组组长││ 三组组长││ 四组组长│
└────┬───┘└───┬────┘└───┬────┘└───┬────┘
     ↓        ↓         ↓         ↓
┌────────┐┌────────┐┌────────┐┌────────┐
│  组员   ││  组员   ││  组员   ││  组员   │
│15~20名 ││15~20名 ││15~20名 ││15~20名 │
└────────┘└────────┘└────────┘└────────┘
```

图5-4　缝制车间组织结构图

服装企业应结合企业实际生产的需要，对缝制的质量必须在缝制的开展阶段就要抓起。要及时、提前发现产品中存在的质量问题。

缝制车间的生产组织应严格按照产前确定样、工艺单资料进行开展缝制生产任务，在缝制过程中合理安排缝制工序的流程，提高劳动的生产效率，控制缝制的质量。

缝制车间生产组织安排必须要坚持的原则有以下三个方面：

（1）坚持缝制工序的合理化、规范化的要求，严格执行工艺单要求进行缝制操作。

（2）坚持缝制生产进程的协调性，有计划地制定缝制生产任务。

（3）坚持缝制生产过程中对常见缝制质量问题要有预见性，提前发现和制定解决缝制工艺技术难题的方法。

服装企业缝制车间应根据企业实际的生产能力、现有的生产设备情况，结合内部人员构成及缝制工艺技术熟练程度等，制定缝制车间生产计划表（包括日生产计划表、周生产计划表），生产计划表不能形同虚设，相关人员应落实并严格按照缝制工艺要求去完成生产任务，确保产品能准时交货。此外，服装企业缝制车间还应及时统计生产量，编制缝制产量报表，如日产量报表。

服装企业缝制车间生产计划表见表5-7。服装企业缝制车间日产量报表见表5-8。

表5-7　服装企业缝制车间生产计划表

订单号：_____　　客户名称：_____　　交货日期：_____

产品名称	颜色	规格	订单数量	当日完成数量	预计完成日期
备注：					

制表人：_____　　　　缝制组长：_____　　　车间主任：_____

日　　期：_____　　　　日　　期：_____　　　日　　期：_____

表5-8　服装企业缝制车间日产量报表

订单号：_____　　客户名称：_____　　缝制车间：_____组：_____

产品名称	颜色	规格	领料数量	当日完成数量	返修数量

续表

产品名称	颜色	规格	领料数量	当日完成数量	返修数量
备注：					

填表人：_____   日 期：_____

六、服装缝制工艺品质控制

1. 缝制工艺要求及要点

服装缝制是产品质量的基本保证。服装企业在缝制生产过程中需要投入大量的时间和精力去控制产品的缝制工艺质量，由于服装企业缝制工人流动性比较大，缝制工人的技术水平参差不齐，如何做好缝制质量控制是服装企业生产管理中一个比较艰巨的任务。

（1）确定缝制工艺的步骤：每个产品的缝制都要进行分解、分析，制定符合缝制操作的步骤。同时，要明确缝制工艺的各项要求及检验标准，便于缝制过程中进行自查。

（2）缝制中统一辅料的缝制方法：缝制中因辅料的缝制位置、方法等不一致而影响产品的外观效果。在缝制辅料（如洗涤标、成分标）时严格按照订单要求进行缝制，避免出现如成品洗涤标缝制距边尺寸、位置方向不一致等情况。

（3）缝制时注意色差：服装产品因款式、面料幅宽、缝制工艺等要求的原因，在缝制中需要注意各个裁片的色差要在允许接受范围之内。

（4）缝制针距密度的控制：服装产品缝制针距密度控制是保证产品外观质量的一个重要环节。针距密度直接影响产品的使用性能，所以要注意缝制中针距密度不能随意改变，应严格按照工艺单中的针距密度要求进行操作。

2. 缝制工艺质量控制

服装产品缝制工艺质量的优劣直接影响成品的外观效果、美观度、销售量、使用性能等。服装企业对成衣的质量控制不仅仅只做表面文章、注重形式，要落实在实际的缝制生产过程中，从而减少不合格品流入下一道工序。

服装产品缝制工艺质量控制的主要内容有以下六个方面：

（1）产品的缝制工艺要做到规范化，准确性高。

（2）根据客户的不同要求，制定相关的质量缝制工艺。

（3）应提高工作效率，产量与质量两手抓。

（4）缝制工艺的要求要严格执行工艺单文件资料、产前确定样的要求。

（5）掌握多种缝制工艺技法，拓展思维能力。

（6）组织缝制工人培训及工作经验交流，共同提高整体的缝制质量。

思考与练习

1．简述服装缝缩率测定实验的目的。

2．简述服装缝制车间的生产组织。

3．简述缝制工艺的要求及要点。

4．编制一份服装企业缝制车间生产计划表。

5．简述服装缝制工艺质量的要求。

6．编制一份男休闲裤生产工序劳动定额表。

专业知识及专业技能——

服装后整理技术管理

> **课题名称：**服装后整理技术管理
>
> **课题内容：**熨烫
>
>   包装
>
> **课题时间：**8课时
>
> **教学目的：**让学生了解服装后整理技术管理的相关知识及其技能。
>
> **教学方法：**利用幻灯片和教师讲述同步进行。
>
> **教学要求：**1. 让学生了解服装后整理技术管理的相关知识要求
>
>   及表单编制技巧。
>
>   2. 让学生了解服装后整理技术管理的重点和难点。

第六章　服装后整理技术管理

　　服装产品的成品后整理是生产中的后道工序环节，其主要内容包括熨烫、剪线头、污渍处理、锁眼、钉扣、验针及包装、检验等。

　　熨烫：熨烫的目的主要使成品更加平服、美观，成品熨烫完成后需进行检验熨烫的质量是否合格，熨烫检验要求成品无烫黄、烫焦、烫破、极光、污迹等现象。

　　污渍处理：常见污渍主要有油渍、水渍、血渍、划粉渍等。

　　锁眼、钉扣：锁眼、钉扣位置参考原样。

　　验针：主要是为了检验成品中有无残留断针。

　　包装：根据客户的要求，把服装成品进行折叠、包装。

一、熨烫

　　成衣的最后一道工序是熨烫，也称整烫。熨烫的质量直接影响服装的成品效果的好坏。熨烫的主要可以从以下几个方面去加以控制。

1. 熨烫工艺的目的

熨烫工艺要做到"三好、七防"。

"三好"：整烫温度掌握好，平挺质量好，外观折叠好。

"七防"：防烫黄，防烫破，防变色，防变硬，防水渍，防极光，防渗胶。

2. 熨烫注意事项

（1）色织物在熨烫时应先进行小样试熨，以防发生色变。

（2）尽量减少熨烫次数，以防织物耐用性降低。

（3）提花、浮长线织物，防止勾丝、拉毛、浮纱拉断等。

（4）注意温度对面料的影响，对吸湿性大、难以熨平的织物，应喷水熨烫。对不能在湿态下熨烫的织物，应覆盖湿布熨烫。

（5）温度要适当，防止产生极光或烫焦。

（6）烫台要平整，避免凹凸不平，熨烫时要加覆湿布，防止产生极光。

（7）压力不要过大，以防产生极光。

（8）薄织物湿度稍低，熨烫时间稍长，厚织物湿度稍高。

3. 熨烫工艺质量要求

服装熨烫工艺质量在服装的生产过程中是非常重要的。由于服装面料、款式、工艺、熨烫的温度、湿度等因素的不同，服装熨烫工艺质量的要求也会有所差异。

服装熨烫工艺质量要求见表6-1。

表6-1　服装熨烫工艺质量要求

序号	部位名称	外观质量要求	熨烫工艺技术要求
1	腰头	面、里、衬平服，松紧适宜	平服、无皱褶
2	门、里襟	面、里、衬平服，松紧适宜，检查长短，差不大于0.3cm，门襟不短于里襟	平服、无皱褶
3	前、后裆	圆顺、平服	无皱褶、无折痕
4	裤袋	检查袋位高低、前后大小，差不大于0.5cm，袋口平服	平服、无皱褶、无折痕
5	裤脚口	两脚口大小互查，差不大于0.3cm	平服，平直不起吊
6	领子	左右领子对称，检查大小，差不大于0.2cm，平服	平服、无皱褶、无折痕
7	驳头	左右驳头对称，检查大小，差不大于0.2cm，平服	平服、无皱褶、无折痕
8	袖子	丝缕顺直，左右对称，检查大小，差不大于1cm	圆顺、平服
9	胸部	平服	平服、无极光、无皱褶、无折痕
10	下摆	下摆平直、圆顺	平服、无折痕

二、包装

包装是服装成品生产中必不可少的一道工序，是保护成品在运输流通过程中质量不受影响、数量完好的主要措施。经过包装的服装成品便于运输、储存，才能更好地进入市场流通和销售领域。因此，越来越多的服装企业开始重视包装，严抓包装的质量和控制包装的成本，用包装来树立企业的形象。

在服装成品包装中，包装主要有五种形式：PVC袋子、纸盒、纸箱、真空包装和立体包装，企业可根据自身的需求来选择。

1. 包装的分类

服装成品包装根据不同的分类目的，可分为不同的类别。

（1）按包装的用途分类：包括销售包装、工业包装、特种包装三种。

销售包装是以销售为主要目的的包装，它起着直接保护服装产品的作用。

工业包装是将大量的包装件用保护性能好的材料（纸盒、木板、泡沫、塑料等）进行大体积包装。

特种包装是根据客户的需要或特殊的包装要求进行服装成衣的包装。特种包装属于保护性包装，其材料的构成须由运送和接收单位共同商定，并有专门文件加以说明。

（2）按包装的层次分类：包括内包装和外包装两种。内包装也称小包装或直接包装，通常是指将若干件家用纺织品组成最小包装整体。内包装主要是为了加强对商品的保护，便于再组装搭配。同时也是为了在调拨、销售商品时便于计算服装成品的数量。

外包装也称大包装或运输包装，是指在商品的销售包装或内包装外面再增加一层包装。外包装主要是为了提高商品在流通过程中的耐牢性，便于装卸、运输、仓储。

服装成品最常见的外包装材料是纸箱，纸箱具有一定的叠码承受能力、耐牢性，便于货物交接时能快速清点货物。

2. 包装的材料

服装成品包装所选用的材料主要有纸盒包装、塑料PVC袋子包装。服装成品纸盒包装运用最多的就是配套产品的组合套装。

纸盒包装的产品一般可以直接用以销售，纸盒上会印有与盒内产品相符合的宣传图片及文字说明资料，使消费者在不打开纸盒包装的情况下就能够了解纸盒内所装产品的名称颜色、成分、产地、产品图案等信息。

塑料PVC袋子因其具有轻薄、透明度良好等优点，被广泛做成各种包装袋。

3. 包装的规格

服装包装的规格一般情况下根据客户订单包装资料的要求进行操作。包装的规格检验主要包括内包装和外包装的规格尺寸、颜色、数量等是否符合要求。

4. 包装的检验

包装检验主要是检查成箱内的产品颜色、数量、尺寸规格是否符合客户的装箱要求。包装质量检验步骤如下：

清点包装成箱的纸箱数量，主要目的是核验是否全部成箱。

任意抽取一定比例数量纸箱。

对抽取的纸箱要做好标记，以防被纸箱工厂掉换。

包装的检验主要有以下几个方面。

（1）包装辅料质量检验：服装包装辅料主要有PP袋、PVC袋、衬板、纸箱、洗涤标、主标、吊牌、条形码不干胶、打包带、封箱胶带等。所有的包装辅料入库前都要进行检验，检验的方式有抽样检验和全部检验两种。

一般包装辅料数量比较多的采用抽检的方法，包装辅料数量少的则要求进行全检。包装辅料的检验结果要填写在包装辅料质量检验报告中。包装辅料质量检验报告见表6-2。

（2）包装成箱质量检验：包装成箱质量检验主要是检查成箱内的产品颜色、数量、尺寸规格是否符合客户的装箱要求。包装成箱质量检验有以下步骤：

表6-2　包装辅料质量检验报告

供货单位：_____　　　送货日期：_____　　　所用订单号：_____

序号	产品名称	要求交货日期	订单数量	送货数量	外观质量	文字图案情况	规格尺寸	抽检数量	备注
1									
2									
3									
4									
5									
6									
7									
结论：									

检验员：_____　　　日期：_____

①清点包装成箱的纸箱数量，主要目的是核验是否全部成箱。

②任意抽取一定比例数量纸箱。

③对抽取的纸箱要做好标记，以防被纸箱工厂掉换。

④检查箱标上的文字是否与订单上的包装记录一致，检查纸箱封箱情况是否完好，并进行纸箱落体试验。

⑤开箱核验箱标文字、图案与箱内产品是否一致，通常需要核对产品的颜色、数量、尺寸是否与箱标上的颜色、数量、尺寸相一致，防止箱内产品数量多装、少装或尺寸装错等现象发生。

⑥检查箱内产品的外观质量。

⑦记录所有检验的箱号和检验过程中存在的问题，并要求供应商改正检验中发现的问题。

（3）包装纸箱落体试验：在服装储运过程中，经常会遇到客户收到货后因纸箱质量问题而导致的投诉、索赔事件。服装企业应加以重视，确保包装纸箱的质量和规格达到客户要求。一些客户会对纸箱提出特殊要求，如：有钉箱、无钉箱，"工"字形封箱，"王"字箱型封箱等。服装企业尤其要注意。服装储运包装箱的质量要求主要有以下几点：

①纸箱保持干燥、清洁、牢固，适合长途运输。

②纸箱箱标文字、图案印刷清晰正确。

③纸箱封口时应衬垫一块纸质衬板，以防开箱时利器割破箱内成品。

④纸箱高度合适，不可以出现"空箱"未装满或产品高度超出纸箱高度的现象。

⑤包装带要正且松紧适宜，包装带不能太紧以免纸箱破损。

⑥箱底、箱盖封口严密、牢固。封箱胶带要贴正，两侧下垂8~10cm左右，以防纸箱爆开。

服装储运包装纸箱必须做纸箱落体试验，即将装有货物的纸箱从规定的高度平摔自由落体，并查看纸箱中的货物及包装是否完好无损。纸箱落体试验纸箱规定的高度与被测试的纸箱毛重有关。纸箱落体试验规定表见表6-3。

表6-3　纸箱落体试验规定表

纸箱毛重（kg）	纸箱平摔规定高度（cm）
0~9.5	76
9.6~18.6	61
18.7~27.7	46
27.8~45.5	31

5. 装箱单

包装成箱质量检验时，可以根据服装企业装箱单进行相关信息的核对。服装企业的装箱单形式很多，但是总体来说，服装装箱必须要具有订单号、款号、箱数、箱号、毛重、净重、纸箱尺寸、体积、规格等相关信息。具体服装企业产品装箱单见表6-4。

服装产品常规的包装装箱分配方法有以下四种。

（1）单色单码装箱：即颜色相同，同一规格尺寸的产品进行装箱。

案例：某服装企业出运一批成衣服装，成品数量配比表见表6-5，根据表中的相关颜色、规格尺码、数量编制一份服装企业产品单色单码装箱单。

根据表6-5成品数量配比，可以知道总箱数、每个尺码的箱数。具体计算步骤如下：

总箱数=2400÷24=100（箱）

S码总箱数=240÷24=10（箱）

M码总箱数=480÷24=20（箱）

L码总箱数=960÷24=40（箱）

XL码总箱数=480÷24=20（箱）

XXL码总箱数=240÷24=10（箱）

服装企业产品单色单码装箱单见表6-6。

PO#: 1400022

表6-4 服装企业产品装箱单（PACKING LIST）

箱号 (C/NO.)	PO号 (PO#)	货号 (ARTICLE NO.)	颜色 (COLOR)	规格（SIZE）XS	S	M	L	XL	XXL	总件数(TTL) PCS	总箱数(TTL) CTNS	价格 (Price)	毛重(G.W.) KGS	净重(N.W.) KGS	纸箱尺寸(CARTON SIZE) 长×宽×高（单位: cm）	备注 (REMARK)
1-1	1400022	0001	BLACK	47					5	52	1		18.2	17.2	25.6×15.7×13	
2-2					46				4	50	1		17.5	16.5	25.6×15.7×13	
3-3						50				50	1		17.5	16.5	25.6×15.7×13	
4-4						3	34	14		51	1		17.8	16.8	25.6×15.7×13	
合计 (TOTLE)										203	4		71.0	67.0	0.343m³	

PO号 (PO#)	货号 (ARTICLE NO.)	颜色 (COLOR)	规格（SIZE）XS	S	M	L	XL	XXL	总件数(TTL) PCS	总箱数(TTL) CTNS
	0001	BLACK	47	46	53	34	14	9	203	4
P21021										
合计（TOTLE）									203	4

运输标志（SHIPPING MARKS）:
价格（Price）:
供应商代码（vendor code）:
船期（ship to）:
销售订单号（sales order No.）:
款号（style No.）:
颜色（colour）:
规格（size）:
数量（qty）:
纸箱尺寸（carton size）:
箱号（carton No.）:
PO号（PO#）:

总件数（TOTAL QUANTITY）:203 PCS
总箱数（TOTAL CARTONS）:4 CTNS
总的毛重（TOTAL GROSS WEIGHT）:71.0 KGS
总净重（TOTAL NET WEIGHT）:67.0 KGS
总体积（TT MEAS）:0.343 CBM

表6-5　成品数量配比表

颜色＼规格	S	M	L	XL	XXL	小计
A色	240	480	960	480	240	2400
合计	240	480	960	480	240	2400
备注：24件/箱，单色单码包装。						

表6-6　服装企业产品单色单码装箱单

订单号：＿＿＿＿＿＿＿＿　　款号：＿＿＿＿＿＿＿＿　　品名：＿＿＿＿＿＿＿＿

箱号	箱数	花型/颜色	每箱规格搭配					每箱（件数）	共计（件数）	长×宽×高（cm）	毛重（kg）	净重（kg）
			S	M	L	XL	XXL					
1～10	10	A色	24					24	240	60×45×50	10	9
11～30	20	A色		24				24	480	60×45×50	10	9
31～70	40	A色			24			24	960	60×45×50	10	9
71～90	20	A色				24		24	480	60×45×50	10	9
91～100	10	A色					24	24	240	60×45×50	10	9
小计									2400			
总计									2400			

总件数：2400　PCS
总箱数：100　CTNS
总毛重：1000　KGS
总净重：900　KGS
总体积：13.5　CBM

制表人：＿＿＿＿＿＿＿＿　　日期：＿＿＿＿＿＿＿＿

（2）单色混码装箱：即相同颜色的产品规格尺寸按一定的比例搭配进行装箱。

案例：某服装企业出运一批成衣服装，成品数量配比表见表6-7，根据表中的相关颜色、规格尺码、数量编制一份服装企业产品单色混码装箱单。

表6-7　成品数量配比表

颜色 ＼ 规格	S	M	L	XL	XXL	小计
白色	120	240	720	240	120	1440
合计	120	240	720	240	120	1440
备注：24件/箱，单色混码包装，每个颜色、每个码的数量按比例搭配装箱。						

根据表6-7成品数量配比，可以知道总箱数、每个尺码的箱数。具体计算步骤如下：

总箱数=1440÷24=60（箱）

总箱数中，每个尺码箱数分别为：

S码总箱数=120÷24=5（箱）

M码总箱数=240÷24=10（箱）

L码总箱数=720÷24=30（箱）

XL码总箱数=240÷24=10（箱）

XXL码总箱数=120÷24=5（箱）

各尺码总箱数比为：S码总箱数∶M码总箱数∶L码总箱数∶XL码总箱数∶XXL码总箱数=1∶2∶6∶2∶1。

由于每个尺码需要混装，一箱内各个尺码所占的比例为：S码数量∶M码数量∶L码数量∶XL码数量∶XXL码数量=1∶2∶6∶2∶1。

由于每箱内装24件成品，故每个尺码在一箱中的数量分别为：S码2件，M码4件，L码12件，XL4件，XXL码2件。

服装企业产品单色混码装箱单见表6-8。

表6-8　服装企业产品单色混码装箱单

箱号	箱数	花型/颜色	每箱规格搭配					每箱（件数）	共计（件数）	长×宽×高（cm）	毛重（kg）	净重（kg）
			S	M	L	XL	XXL					
1~60	60	白色	2	4	12	4	2	24	1440	60×45×50	10	9

续表

箱号	箱数	花型/颜色	每箱规格搭配					每箱（件数）	共计（件数）	长×宽×高（cm）	毛重（kg）	净重（kg）
			S	M	L	XL	XXL					
合计			120	240	720	240	120		1440			

总件数：1440　PCS

总箱数：60　CTNS

总毛重：600　KGS

总净重：540　KGS

总体积：8.1　CBM

制表人：_____　　　　日期：_____

（3）混色单码装箱：即同一规格尺寸的产品，两种以上（包括两种颜色）的颜色按一定的比例搭配装箱。

案例：某服装企业出运一批成衣服装，成品数量配比表见表6-9，根据表中的相关颜色、规格尺码、数量编制一份服装企业产品混色单码装箱单。

表6-9　成品数量配比表

颜色＼规格	S	M	L	XL	XXL	小计
红色	240	480	960	480	240	2400
蓝色	240	480	960	480	240	2400
合计	480	960	1920	960	480	4800
备注：24件/箱，混色单码包装，每种颜色各12件/箱。						

根据表6-9成品数量配比，可以知道总箱数、每个尺码的箱数。具体计算步骤如下：

总箱数=4800÷24=200（箱）

S码混色总箱数=480÷24=20（箱）

M码混色总箱数=960÷24=40（箱）

L码混色总箱数=1920÷24=80（箱）

XL码混色总箱数=960÷24=40（箱）

XXL码混色总箱数=480÷24=20（箱）

服装企业产品混色单码装箱单见表6-10。

（4）混色混码装箱：即不同颜色、不同规格尺寸的产品按一定的比例搭配装箱。

案例：某服装企业出运一批成衣服装，成品数量配比表见表6-11，根据表中的相关颜色、规格尺码、数量编制一份服装企业产品混色混码装箱单。

表6-10　服装企业产品混色单码装箱单

订单号：_____　　款号：_____　　品名：_____

箱号	箱数	花型/颜色	每箱规格搭配					每箱（件数）	共计（件数）	长×宽×高（cm）	毛重（kg）	净重（kg）
			S	M	L	XL	XXL					
1~20	20	红色	12					12	240	60×45×50	10	9
		蓝色	12					12	240	60×45×50	10	9
21~60	40	红色		12				12	480	60×45×50	10	9
		蓝色		12				12	480	60×45×50	10	9
61~140	80	红色			12			12	960	60×45×50	10	9
		蓝色			12			12	960	60×45×50	10	9
141~120	40	红色				12		12	480	60×45×50	10	9
		蓝色				12		12	480	60×45×50	10	9
121~160	20	红色					12	12	240	60×45×50	10	9
		蓝色					12	12	240	60×45×50	10	9
小计									4800			
总计									4800			

总件数：4800　PCS
总箱数：200　CTNS
总毛重：1600　KGS
总净重：1440　KGS
总体积：21.6　CBM

制表人：_____　　日期：_____

表6-11　成品数量配比表

规格＼颜色	S	M	L	XL	XXL	小计
红色	120	240	240	240	120	960
蓝色	120	240	240	240	120	960
白色	120	240	240	240	120	960
合计	360	720	720	720	360	2880
备注：24件/箱，混色混码包装，每种颜色、每个码的数量按比例搭配装箱。						

根据表6-11成品数量搭配，可以知道总箱数、每个尺码的箱数。

具体计算步骤如下：

$$总箱数=2880÷24=120（箱）$$
$$S码混色总箱数=360÷24=15（箱）$$
$$M码混色总箱数=720÷24=30（箱）$$
$$L码混色总箱数=720÷24=30（箱）$$
$$XL码混色总箱数=720÷24=30（箱）$$
$$XXL码混色总箱数=360÷24=15（箱）$$

各尺码总箱数比为：S码总箱数：M码总箱数：L码总箱数：XL码总箱数：XXL码总箱数=1：2：2：2：1。

由于一箱内只能装24件，故一箱内各尺码数量分别为：S码3件，M码6件，L码6件，XL6件，XXL码件3件。

根据表6-11，由于相同尺码的各颜色成品数量相同，故一箱内各尺码、各颜色数量分别为：S码1件，M码2件，L码2件，XL2件，XXL码1件。

服装企业产品混色混码装箱单见表6-12。

表6-12 服装企业产品混色混码装箱单

订单号：_____ 款号：_____ 品名：_____

箱号	箱数	花型/颜色	每箱规格搭配					每箱（件数）	共计（件数）	长×宽×高（cm）	毛重（kg）	净重（kg）
			S	M	L	XL	XXL					
1~120	120	红色	1	2	2	2	1	24	2880	60×45×50	10	9
		蓝色	1	2	2	2	1					
		白色	1	2	2	2	1					

续表

箱号	箱数	花型/颜色	每箱规格搭配					每箱（件数）	共计（件数）	长×宽×高（cm）	毛重（kg）	净重（kg）
			S	M	L	XL	XXL					
总计									2880			

总件数：2880　　PCS
总箱数：120　　CTNS
总毛重：1200　　KGS
总净重：1080　　KGS
总体积：16.2　　CBM

制表人：_____　　　　日期：_____

思考与练习

1．服装产品包装的种类有哪些?

2．服装产品包装装箱分配方法有哪四种，请举例说明。

3．编制一份单色单码装箱单。

4．编制一份混色混码装箱单。

5．简述服装熨烫工艺的质量要求。

6．简述服装储运包装箱的质量要求。

专业知识及专业技能——

服装质量管理

```
课题名称：服装质量管理
课题内容：服装企业质量管理的内容
         服装检验的标准
         服装质量检验流程
         服装质量检验的内容与方法
         面、辅料质量检验的内容与方法
课题时间：8课时
教学目的：让学生了解服装企业质量管理的相关知识及其技能。
教学方法：利用幻灯片和教师讲述同步进行。
教学要求：1. 让学生了解服装企业质量管理的相关知识要求及
            表单编制技巧。
         2. 让学生了解服装企业质量管理的重要性。
```

第七章　服装质量管理

一、服装企业质量管理的内容

服装企业质量管理在服装企业生产过程中占有重要的地位，它始终贯穿于整个服装生产过程中，包括服装生产的前期准备工作，生产中期、生产后期的各道工序的检验和生产品质管理。

服装企业质量管理的内容主要有以下几个方面。

1. 生产工艺质量

服装生产工艺质量主要体现在做工是否精良，工艺是否准确到位，是否符合国际工艺质量要求。

2. 成衣质量

成衣的质量要体现在服装款式设计的时尚性，款式要大方、美观、新颖、款式富有很强的时尚美感。

服装不仅仅要满足人们换季穿着的需要，还要满足消费者穿着舒适、面辅料环保、购买后携带便利等需要，另外还要给消费者一定的服装产品洗涤指导。一定要严格控制服装成衣的质量。

3. 质量管理体系

服装企业的质量管理体系是在质量方面指挥和控制组织的管理体系，通常包括制定质量方针、目标以及质量策划、质量控制、质量保证和质量改进等活动。要想实现质量管理的方针目标，有效地开展各项质量管理活动，就必须建立相应的质量管理体系。

这就需要企业的品质部门组织、编写相关质量控制的方案和计划，并提交服装企业各个部门。要严格控制服装产品生产过程中的质量问题，着重加强生产过程中各道工序的质量控制，提升服装企业产品的整体质量水平，达到服装企业的总体质量要求的目标。

服装企业质量控制过程中主要有以下几个方面：

（1）负责做好公司员工的质量安全教育工作，要有质量第一的理念，加强品质安全生产、质量控制工作的开展，对相关人员进行系统培训，提高员工的质量安全意识。

（2）要提前做好生产过程中容易出现的质量问题的预防和控制，做到提前发现问题、解决问题。

（3）要加强生产现场的质量管理的巡检、指导、监督工作，协调好各个生产部门、各个工序之间的质量管理工作，及时有效地处理生产过程中出现的质量问题，防止大货产品出现大批量的不良产品和质量问题。

（4）协助制定公司产品的质量检验标准及检验方法。落实质量检验标准，并实施质量检验方法，在实际生产过程中不断完善质量检验标准和方法。

（5）认真做好各种产品的检验报表、检验报告的记录和存档工作，要定期或不定期开展质量评比工作，做好产品的质量分析、预防和纠正工作。

（6）加强检验设备、检验用具的管理、维护、校对工作。

（7）要不断地提高生产技术，改善产品的生产工艺和生产设备，提高生产效率和工作效率，从而提高服装企业的经济效益。

二、服装检验的标准

服装产品的检验标准主要有国际标准、国家标准、行业标准、企业标准。服装产品的检验标准主要包括服装产品的外观质量和理化性能技术指标这两个方面作为产品的检验依据。

1. 外观质量

外观质量包括成品的规格、缸差、色差、外观疵点、缝制要求等内容。达不到验收检验标准则视为大货不合格，需拒收、翻工、担保出货、打折扣等处理。一般以检验者的目视检验为主要检验结果为评定依据。

2. 内在质量

内在质量主要是指面、辅料测试是否符合国家强制性安全指标，如甲醛含量、pH值、耐水色牢度、耐汗渍色牢度、耐干摩擦色牢度、异味等。不按标准生产将视为不合格。主要委托第三方实验室或客户指定实验室检验结果为评定依据。

服装成品上的洗涤标、主标、使用说明书、标签、吊牌等要规范，须注意：

（1）产品的组成部分描述要准确。

（2）洗涤标、主标等标签、标志内容应当符合国家有关法律的法规。

（3）使用说明书内容简明准确、通俗易懂、科学规范。

（4）如实介绍产品，无夸大虚假内容。

三、服装质量检验流程

1. 产前样的检验

产前样又称产前确认样，是大货生产之前经过客户审核确认的样品，且大货生产时要严格按照产前确认样的要求来完成。所以，产前样的检验是非常重要的，产前样的检验要严格按照客户的要求进行。

一般情况下，服装企业的产前样是由打样车间或缝制车间班组长制作的。产前样制作的面、辅料必须要经过客户的确认，面、辅料必须是大货生产所用的面、辅料。在制作产前样时，一定要按客户订单的要求进行制作。

产前样质量检验记录表见表7-1。

表7-1 产前样质量检验记录表

订单号：

客户名称：

款号	货号	数量	工号	颜色	跳线	线头	污渍	破洞	色差	错码	不平顺	针距不良	尺寸大小	部件不正	

检验员：_____ 日期：_____ 检验车间：_____

2. 大货生产质量检验

在大货生产过程中，服装企业车间必须要进行质量检验，确保服装的质量符合要求。服装企业车间质量检验记录表见表7-2。

表7-2　服装企业车间质量检验记录表

款号		货号		检验员		返工原因（请在相关原因下打"正"）										备注
数量	扎号	尺码规格	返工数量	工号	部位	跳线	线头	污渍	破洞	色差	错码	不平顺	针距不良	尺寸大小	部件不正	

检验员：_____　　日期：_____　　检验车间：_____

　　服装企业生产部门为了掌握生产进度，对每个生产车间的生产任务都要进行统计并分析，便于合理安排生产任务和控制生产进度，确保按时完成生产。

　　服装企业车间生产进程表见7-3。服装企业生产日报表见7-4。

表7-3　服装企业车间生产进程表

订单号：_____　　款式名称：_____　　款号：_____
货号：_____　　数量：_____　　交货日期：_____

名称 车间或小组	服装企业车间生产进程							
	日期	出勤	缺勤	目标完成数量	上线日期	实际交货日期	下线日期	辅料情况
备注说明：								

表7-4 服装企业生产日报表

订单号: _____　　款式名称: _____　　款号: _____

货号: _____　　数量: _____　　交货日期: _____

编号＼项目	流水工序	操作人员	生产数量	小计	编号
1					
2					
3					
4					
5					
6					
7					
8					
9					
10					
11					
12					
13					
14					
15					
16					
17					
18					
19					
20					
21					

制 表 人: _____　　日　期: _____

出勤人数: _____　　缺勤人数: _____　　车间或小组: _____

3. 大货半成品的质量控制

大货半成品检验的主要内容有以下五点:

（1）产品的款式：规格尺寸是否与订单要求相符合。

（2）色差（缸差）：颜色是否与标样、确认样一致。

（3）外观疵点：检验产品外观有无布疵、纬斜、破洞等外观缺陷。

（4）缝制质量：产品的缝制工艺要求、辅料缝制的位置是否正确。

（5）后整理包装的质量：产品包装的袋子、箱标、装箱数量、颜色、宣传卡、不干胶位置是否正确，产品线头是否处理干净。

大货半成品检验需要核对辅料文字。辅料文字的核对主要包括：洗涤标、主标、箱标的文字、图案，宣传卡上的文字、条形码，PP胶袋上条形码、不干胶的文字内容等。

服装检验员在检验过程中可以根据包装资料进行相关内容的核对，确保大货产品中辅料文字的正确性。

服装产品半成品检验是指根据工艺单、订单合同的要求对在缝制过程中的半成品进行检验，半成品的检验主要是审核产品在缝制过程中工艺是否正确、洗涤标等位置是否正确。

半成品外观质量的检验可以有效控制缝制工艺的质量，提前并及时发现问题，有助于生产流中工艺技术的及时完善。

服装产品半成品检验需对缝制工序进行巡检，对首件成品进行检验分析，提出改进措施。半成品的质量直接影响大货的整体质量水平，因此加强半成品的检验力度十分必要。

服装产品完成后，都必须要经过验货检验，验货合格通过后，方可办理服装产品的出运手续。服装企业验货报告见表7-5。

表7-5 服装企业验货报告

工　厂		订单号		客户	
产品描述		颜色		成分	
款号		订单数量		出运数量	
生产进度	□%裁剪工序完成		□%缝制工序完成		□%包装工序完成
原料					
颜色					
规格尺寸					
查货瑕疵记录			严重	中等	轻微
验货评语：					
验货总数：		不合格数			
处理意见：					
□接受　　　　　□返工　　　　　□重新检验 □同意出货　　　□不接受　　　□担保出货					
现经我司抽查成品后，发现仍有以上误点，请工厂必须马上返修全部误点，否则一切责任概由工厂负责。					

厂方负责人：＿＿＿＿＿＿＿　　　　验货员：＿＿＿＿＿＿＿

日期：＿＿＿＿＿＿＿　　　　　　　日期：＿＿＿＿＿＿＿

四、服装质量检验的内容与方法

1. 检验的准备工作

服装质量检验需要准备相关的检验工具，如钢卷尺、钢尺、木尺、比色灯箱、电子秤等，并要准备好原始样衣或确认原始样衣。

2. 检验的条件

成品需在正常的北向自然光线下或灯下检验，其照明度约750lx（相当于40W日光灯3只）光源与样品距离1～1.2米。

3. 面料疵点检验

面料疵点的检验内容项目主要有色差、外观破洞疵点、污渍、粗纱、色纱。

（1）色差：目前，服装企业对面料色差检测指标要求见表7-6。这里特别要指出的是，服装产品一套内色差不低于4～5级，同一件产品色差不低于5级，同一批次缸差不低于3～4级。

表7-6　面料色差检测指标要求

检测指标	常规指标要求
耐光色牢度（级）	≥4级
耐洗色牢度（级）	变色≥3～4级，沾色≥3～4级
耐干洗色牢度（级）	变色≥3～4级，沾色≥3～4级
耐汗渍色牢度（级）	变色≥3～4级，沾色≥3～4级
耐摩擦色牢度（级）	干摩≥4级，湿摩≥3级
耐溶剂变色（级）	≥4级
耐烟熏色牢度（级）	≥4级
光照（级）	≥3～4级

（2）外观破洞：影响服装产品外观的使用，指产品外观有破洞、破边及或0.5cm以上漏缝。

①条状疵点：沿经向或纬向延伸的，宽度超过0.3cm及以上的疵点。

②线状疵点：沿经向或纬向延伸的，宽度不超过0.3cm的疵点。

③稀密路：纬密不正常的稀纬、密路等造成染色横档。

④纬移：稀薄织物纬纱移动造成的弯曲不直、经纬不均匀、纬斜。

（3）污渍：

①影响外观使用的油渍、水渍、霉斑、污渍、锈渍、划粉印等。

②印花面料由于印花操作不当造成影响外观使用污渍。

（4）色纱：

①影响产品外观颜色的有色纱、油纱。

②影响产品外观粗纱。

五、面、辅料质量检验的内容与方法

1. 色差检验

由于工厂为了节约成本，因染料或面料后整理等原因造成的大货面料颜色色差、缸差现象严重的问题。在检验过程中需用客户确认的色样与大货生产的面料颜色进行对比，核验大货面料颜色偏差是否在允许接受范围之内，主要包括倒顺毛、拉毛效果、对折阴阳色、头中尾阴阳色、同缸色差、色样卡色差等，色差的评判可根据国家标准规定。

2. 布面疵点检验

面料布面疵点检验方法通常包括以下两种。

（1）常用检验方法是将面料放在验布机上进行检验。

检验员凭借验布机上的灯光对整个幅宽进行目测检验，对发现的布面疵点进行标记。

（2）对于来料为折叠包装或经编产品面料，可以放在检验桌板上进行检验。

检验员将面料放在桌板的左侧托盘上，开始进行桌面目测检验。对发现布面疵点进行标记。

3. 面料内在质量检验

面料内在质量检验的项目主要有色牢度（水洗色牢度、干洗色牢度、皂洗色牢度）、干摩、湿摩、耐日晒、光照牢度、成分测定等。一般由实验室来检测面料是否达到客户要求。

通常情况下，有的客户会要求供应商出具第三方检测中心出具的测试报告，否则会拒绝接受大货产品。服装企业供应商因第三方检测费用高，且同一订单测试次数多等原因，往往采用专门制作一缸布用以打样应付实验测试用，造成测试报告测试指标与大货生产实际性能参数不一致。

4. 辅料质量检验

服装产品辅料种类较多，辅料在工厂入库前需专人负责对辅料进行检验。辅料的各项质量要求必须符合辅料采购订单的要求，如辅料的品名、颜色、成分、质地、克重、数量等项目须仔细检查。检验人员需根据测试结果，如实填写辅料检验报告。辅料检验合格后方可办理入库手续，对不合格批次的辅料由质检部主管做出结论，并提交采购部辅料采购员，由辅料采购员与辅料供应商协商解决产品存在的相关质量问题。

思考与练习

1. 简述服装企业质量管理的概念。

2．简述服装企业质量控制过程中的主要内容。

3．编制一份服装企业车间质量检验记录表。

4．编制一份服装企业车间生产进程表。

5．编制一份服装企业生产日报表。

6．编制一份服装企业验货报告。

专业知识及专业技能——

服装成本管理

课题名称：服装成本管理

课题内容：服装企业成本管理概述

服装生产成本计算与分析

服装生产成本的差异分析

服装生产成本控制

课题时间：4课时

教学目的：让学生了解服装企业成本管理的相关知识及其技能。

教学方法：利用幻灯片和教师讲述同步进行。

教学要求：1. 让学生了解服装企业成本管理的相关知识要求及

表单编制技巧。

2. 让学生了解服装企业成本核算。

第八章 服装成本管理

一、服装企业成本管理概述

服装企业产品成本包括服装产品在生产加工过程中，所消耗的生产物料的相关费用和劳动力费用。

生产物料费用就是生产某件服装产品的所有支出费用，包括面、辅料成本费用和管理费用。

劳动力费用就是生产某件服装产品所有支出的加工费用，

服装产品成本简单地讲就是包括原材料费用（面料、辅料、包装材料）、生产加工费用和管理费用(包括制造费用、管理费用、水电费、机器零配件的损耗及机器设备的折旧费用等)，可以用公式的形式来表示：

服装产品成本＝加工生产所需原材料费用＋生产加工费用＋管理费用

1. 成本管理的概念

成本管理是指用科学的方法对服装企业生产过程中所产生的成本进行计算、组织及控制。成本管理主要内容包括四个方面：成本方针、成本目标、成本策划、成本控制。

服装企业成本管理是对企业的生产成本做出有力的分析和统计，便于企业领导在进行企业决策时参考。

2. 成本管理的重要性

由于我国劳动力成本持续上升、人民币升值加快、货币汇率下调和出口退税下调等，不仅降低了企业利润空间，也将迫使服装企业面临结构调整和企业产品的转型升级。服装企业若想在激烈的竞争中占有一席之地，就必须加强对企业进行成本管理。

成本核算表见表8-1。

表8-1 成本核算表

款式名称	短裤		款号	
款式图	正面		反面	

续表

序号	面料名称	成分	小样	单价（元/m）	用料（m）	合计费用（元）
1	涤纶有光缎纹			10	1	10
2						
3						

面料费用总计（元）	10		
序号	辅料名称	单价	单件用料	合计费用（元）
1	拉链	1元/条	1条	1
2	黏合衬	2元/米	1米	2
3	纽扣	1元/粒	3粒	3
4	线	2.5元/个	2/3个	1.5
5	牛皮纸	0.5元/张	3张	1.5
辅料费用总计	9元		
加工费	15元	水电费、管理费	6元
设备折旧费	3元	税费	4元
成本总计	47元		

制表人：_____ 复核人：_____ 复核日期：_____

3. 成本管理的意义

服装企业成本的控制应着眼于每项生产经营活动所产生的成本，既包括服装企业为生产产品所付出的作业劳动，同时也包括这一过程所消耗的资源。例如采购成本，既包括采购耗费的作业流程（如装卸、运输、验收等），也包括流程中耗费的人力、物力。

消除生产经营成本的一个手段就是从减少非增值作业入手，这就需要区分什么是增值作业，什么是非增值作业。一般企业的购货加工、装配等均为增值作业，而大部分的仓储、搬运、检验，以及供、产、销环节的等待与延误等，由于并未增加产出价值，均为非增值作业，应减少直至消除。

消除生产成本的另一个手段就是减少作业过程中耗费的资源，如减少购货作业耗费的人力、物力。在确定作业效率高低时，可将本企业的作业与同行业类似作业进行比较，然后对其耗费的资源进行分析与控制，寻求提高作业效率的有效途径。如可通过减少作业人数、降低作业时间、提高设备利用率等措施来减少资源消耗，提高作业效率，降低产品成本。

服装企业的整体成本与生产成本是相互作用的，有可能相互加强或相互对抗。服装企业还应重视分析两者之间的相互作用，以避免他们相互抵触，并充分利用两者相互加强的效果来获得持久竞争优势。

二、服装生产成本计算与分析

1. 服装生产成本计算

无论是什么类型的服装企业，生产什么种类的服装产品，服装企业管理要求如何，最终都必须按照服装企业产品算出产品成本。按产品计算成本，是产品成本计算、最基础的要求，产品计算法是最基本的成本计算方法。有的服装企业为了管理上的方便按订单进行生产管理，则可以使用分批法来计算成本。

服装企业单件产品核价单见表8-2。

表8-2 服装企业单件产品核价单

订单号				下单人				
品名				规格				
项目名称	品名	幅宽	款号	数量	单价	单耗		
面料1								
面料2								
面料3								
面料4								
面料5								
辅料1								
辅料2								
辅料3								
缝线								
洗涤标								
裁剪								
做工								
检验								
包装								
吊牌								
衬板								
袋								
纸箱								
运费								
总成本								
税缴								

续表

项目名称	品名	幅宽	款号	数量	单价	单耗		
制造费用								
管理费用								
毛利								
价格								
备注								

制单人：_____   日期：_____

2. 服装生产成本分析

服装企业生产成本不再分别设置基本生产成本和辅助生产成本两个项目，而是将其合并为一个生产成本项目，不按产品设明细账，直接设原材料、工资及福利费用、电力（燃料动力）、制造费用等几个二级明细项目对应大项费用进行归集。

一般中小企业经营范围有限，产品的生产工艺和产品结构及所耗原材料大致相同，除了主要原材料能归属到具体产品外，其他项目并不能归属到具体产品中，核算到产品便没有实际意义。当所有原料及所有产品区别较大，可以按产品设明细账，或者可以不设明细账，而用成本核算表代替，即所谓的以表代账。

中小型服装企业车间划分不明显或虽明显但传递手续不完善，制造费用项目不按车间设明细账，直接设机/物料、修理费、折旧等几个二级明细项目对车间费用进行归集。

中小型服装企业管理人员多参与生产管理，对这种由管理人员参与、金额不会太大的与生产有关的差旅费、办公费没必要再设制造费用、办公费用、差旅费二级项目。而是直接记入管理费用。制造费用月底先不进行分配，而是转入生产成本项目后统一分配。

服装企业原材料范围的限定和明确。在满足需要的前提下，只把产品构成比例较大的几种作为原材料，这样既能减少工作量，又可因非主要原材料而提前进入成本。

服装企业对车间月末已领未用的原材料，酌情处理：若价值较低，归入当月即可；若价值较高，则划入下月。

服装企业不设低值易耗品项目，直接记入制造费用——机、物、料或修理费明细项目，同时设备查账以备管理需要；若需要设，亦采用一次摊销法，入账同时即进行分配。

服装企业关于折旧，建议按税法规定的年限计算，可省去纳税调整的辛苦。税法没有明确规定的，再参考财务制度的规定。

服装企业对于在产品构成中所占比重较小且数量众多的存货建议采用实地盘存制计算每月实际消耗量。

三、服装生产成本的差异分析

服装成本核算是为了解企业的生产流程和各个关键的作业，了解服装企业车间最新的生产情况，月底通过编制成本核算报表将财务与业务结合，及时地分析每个月的成本波动。

服装成本核算不只是财务部门、财务人员的事情，而是各个部门的人员共同配合的事情。

成本核算需要生产车间、技术部门、采购部门等多部门的配合。计算出的成本是否合理，不但需要财务部门的自我评价和时间的验证，还需要生产、技术等相关部门的评价，让生产等部门对自己计算出的结果做个论证等，是有必要的。有时仅靠财务部门自己检查是难以发现问题的。

在实际的工作中，财务部门与其他部门检查的角度或指标多有不同，这些都是容易产生差异的原因。服装企业成本会计实务可以接受成本会计理论的指引，但要突破相关理论的束缚，不要局限在成本会计的理论，最好的成本会计核算和管理体系就是最贴近服装企业生产流程的核算体系。

这样才能反映服装企业的生产管理特点。每一个服装企业的生产特点都有其特殊性，服装企业的管理层在不同的阶段有着不一样的关注点，所以在确定整体思路的前提下，成本核算体系要有一定的可变性，关键的要在成本理论的指导下解决管理层关心的问题，将业务和财务相结合。

成本核算报表见表8-3。

表8-3 成本核算报表

订单合同号：			出货日期： 年 月 日		
合同金额：			实际应收金额：		
成本项目	计划成本	实际成本	超支/节约（－）	占总成本比例（％）	备注
材料 / 面料					
材料 / 辅料					
材料 / 包装物					
材料 / 其他					
工资 / 成品					
工资 / 包装					
工资 / 裁剪					
工资 / 外加工费					
工资 / 其他					

续表

	订单合同号：			出货日期：　年　月　日		
	合同金额：			实际应收金额：		
成本项目		计划成本	实际成本	超支/节约（-）	占总成本比例（%）	备注
直接费用	运费					
小　计						
管理人员工资						
应交税金						
管理费用						
应计房租费						
应计水电费						
其　他						
小　计						
总　计						
本订单盈（+）亏（-）情况				盈亏额占订单（%）：		
报告分析						

资料提供人：＿＿＿＿＿＿　　　制表人：＿＿＿＿＿＿　　　制表日期：＿＿＿＿＿＿

　　服装企业在成本核算的过程中，都需要结合成本预算单，这样可以比较直观地看出预算和实际的生产成本之间的差额在哪里，便于企业的生产成本核算及管理。同时，在以后的订单成本预算过程中，积累了丰富的时间经验，更加准确地做出成本预算。

　　成本预算单见表8-4。

表8-4　成本预算单

订单号：＿＿＿＿＿＿　　　产品名称：＿＿＿＿＿＿　　　产品数量：＿＿＿＿＿＿

项目	预算单耗	预算单价	预算单件成本	实际单耗	实际单价	实际单件成本	备注
面料							
辅料							
包装材料							

续表

项目	预算单耗	预算单价	预算单件成本	实际单耗	实际单价	实际单件成本	备注
人工费用							
裁剪							
缝制							
检验							
包装							
其他管理费用							
成本合计							
销售收入							
销售毛利							
毛利率							

填表人：_____   复核人：_____

日　期：_____   日　期：_____

四、服装生产成本控制

服装生产成本控制是企业管理和财务核算中最重要，也是最复杂的问题之一。尤其对劳动密集型的服装企业，其重要性更显而易见。

大多中小型企业服装企业［指资产规模不大、产品生产工艺和产品结构及所耗原材料大致相同、管理（含财务人员）较少的服装企业］组织体系通常利用垂直式管理体系，管理跨度较小。随着知识经济时代的到来，掌握先进技术和管理知识的人员创办新兴的科技企业将呈不断增长趋势。

中小型服装企业由于受到规模、财力和人力的限制，企业内部制度、稽核、验收、财务清查制度、成本核算、成本控制制度、财务收支审批制度等基本制度一般不完整，不系统，财务基础工作薄弱，相关信息数据采集不准确。在服装生产成本控制方面具体表现为以下方面：

①没有专职的成本核算控制人员。

②服装生产成本控制部门不独立核算。

③车间划分不明显或虽明显但传递手续不完善，经常出现错误。

④车间管理人员与行政管理人员不易区分。

中小型的服装企业的这些特点决定了他们对成本核算方法进行简化，从而使成本核算方法能适应其管理现实的需要，同时，也决定了他们多数使用的是实际成本法，而做不到使用标准成本法或作业成本法。

进行服装生产成本控制的目的是为企业创造更多的利润。通常，服装企业的报价高低直接关系到是否能接到订单、订单的利润空间是否达到预期核算的效果。因此，最终成本核算格外重要。

利润=报价的金额-采购成本-各项费用+退税收入

服装企业出口盈亏核算表见表8-5。

表8-5 服装企业出口盈亏核算表

国家：＿＿＿＿＿＿ 信用证号：＿＿＿＿＿＿ 合约编号：＿＿＿＿＿＿
地区：＿＿＿＿＿＿ 结汇方式：＿＿＿＿＿＿ 收购合同编号：＿＿＿＿＿＿
港口：＿＿＿＿＿＿ 结汇日期：＿＿＿＿＿＿ 发票编号：＿＿＿＿＿＿

商品名称：			原币金额：	
订单号：	数量：			
备注：	运费：			
项目		业务预算	业务备注	财务实际结算	财务备注
收入	订单总金额	①			
	其中外币运费	②			
	保险费（订单总金额× %）	③			
	佣金（订单总金额× %）	④			
	FOB美元金额	⑤			
	汇率按＿元折人民币	⑥			
成本	收购成本	⑦			
	不含税收购成本	⑧			
	费用（不含税收购成本×＿＿%）	⑨			
	运费	⑩			
	总成本	⑪			
盈亏	实际出口成本	⑫			
	盈亏额	⑬			
主管经理：	核价员：	业务员：	复核员：	财务经理：

备注：以下数字仅对应上表中的序号栏中的序号，例如序号⑤，就是序号栏对应的FOB美元金额。

⑤=①-②-③-④

⑧=⑦÷1.17

⑪=⑧+⑨+⑩

⑫=⑪÷⑤

⑬=⑥-⑪

思考与练习

1. 服装企业生产包括哪些内容?

2. 编制一份服装产品成本核算表。

3. 编制一份服装产品成本决算报表。

4. 编制一份服装产品成本预算单。

5. 编制一份服装企业服装产品出口盈亏核算表。

6. 有一家服装企业生产10000条裤子,面料12元/米,加工费9.5元/条,出口价格为5.9美元/条,请计算该订单利润有多少元。(注: 1美元=6.2元人民币)

参 考 文 献

[1] 姜旺生，张福良，杨素瑞. 服装生产现场管理[M]. 北京：中国纺织出版社，2007.

[2] 毛益挺. 服装企业理单跟单[M]. 北京：中国纺织出版社，2005.

[3] 吴相昶，徐慧霞，张硕峰，等. 服装企业理单跟单实务[M]. 北京：中国纺织出版社，2014.

[4] 吴相昶，徐慧霞，吴奕娟. 家用纺织品理单跟单[M]. 北京：中国纺织出版社，2009.

[5] 吴相昶，徐慧霞，吴奕娟. 床品企业生产与质量管理[M]. 北京：中国纺织出版社，2012.